나는 손으로 기억했다

나는 손으로 기억했다

초판발행일 | 2019년 10월 25일

지 은 이 | 김운영
펴 낸 이 | 배수현
표지디자인 | 유재헌
내지디자인 | 박수정
제 작 | 송재호
홍 보 | 배보배

펴 낸 곳 | 가나북스 www.gnbooks.co.kr
출 판 등 록 | 제393-2009-000012호
전 화 | 031) 408-8811(代)
팩 스 | 031) 501-8811

ISBN 979-11-6446-009-0

성공자의 특징은 메모 수첩을 갖고 있다

나는
손으로
기억했다

메모
습관

김운영 지음

가나북스

Prologue

나는 82년에 공직생활을 시작하면서 업무수첩을 쓰기 시작하여 35년간 기록해왔고, 2002년부터 프랭클린 planner를 쓰기 시작했다. 공직생활을 시작할 때 선배들로부터 "업무수첩에 쓸데없는 것을 기록하지 마라."는 말을 많이 들었다. 나쁜 짓을 하면서 형사처분을 받지 않기 위해서 업무수첩을 쓰지 않은 것이 아니라 업무수첩을 쓰면서 부끄러운 행동을 하지 않는 도구로 활용했다.

사람들은 업무수첩이 자신을 형사처분 받는 증거물이 될까 봐 쓰지 않으려고 했지만 나는 업무의 능률을 높이기 위해서 업무를 추진하다가 개선이 필요한 것이 있으면 기록하고 해결방법을 찾았다. 다른 사람들은 검찰의 조사를 받을 때 자신을 힘들게 하는 증거물이 될까 봐 버렸지만 나는 수첩을 가지고 갔다. 수첩이 나를 힘들게 한 것이 아니라 나를 보호해주는 역할을 했다.

2001년 어느 날 《성공하는 사람들의 7가지 습관》을 읽으며 프랭클린 planner를 쓰기 시작했다. 매일 아침에 해야 할 일을 기록하고 우선순위를 정했다. 하루에 계획했던 것을 저녁에는 이행했는지를 확인하면서 그날그날에 해야 할 일은 빠트리지 않고 할 수 있었다. 하지만 내 꿈을 이루는 도구로 활용하지 못했다. 매일 아침에 혈압약을 빠트리지 않고 먹게 하는 데는 도움이 되었지만 내 인생을 바꾸는 도구로 활용하지는 못했다.

업무수첩은 내가 추진하는 업무의 성과를 내게 했고 매년 시책추진 유공 공무원에게 표창하고 부상으로 주는 해외연수의 기회를 2번이나 반납을 했음에도 9번이나 해외연수를 다녀올 수 있었다. 평소 메모한 것을 근거로 시정연구 논문을 10회 제출하여 9회나 우수논문으로 선정되기도 했고, 제안서를 제출하여 우량상과 상금도 받았다. 여러 건의 제안이 채택되어 업무처리시간을 단축하기도 했고, 편하게 업무를 추진할 수 있도록 했으며, 세외수입을 30억 원 이상 올리기도 했다.

다른 사람들은 해가 바뀌면 전에 쓰던 업무수첩을 버리지만 나는 책꽂이에 보관하고 있다. 업무수첩은 내가 살아온 삶의 흔적이다. 업무수첩에는 내가 어떻게 살아왔는지? 내가 무슨 일을 했는지? 무슨 생각을 하면서 살아왔는지가 기록되어 있다. 업무수첩은 부끄러운 것이 아니고 나를 지켜주는 도구다. 공무원이면 누구나 받아보고 싶어 하는 청백봉사상을 받을 수 있었던 것도 업무수첩을 써왔기 때문이라 생각한다.

사람들은 일기를 다른 사람들이 볼까 봐 쓰지 않으려고 한다. 나는 내 삶의 기록을 책꽂이에 꽂아 놓았다. 잘못한 것이나 부끄러운 짓을 빼고 쓴 것이 아니라 부끄러운 일을 하지 않게 하는 도구로 활용했다. 가족이 궁금할 때는 언제든지 꺼내볼 수도 있다. 부끄러운 삶을 살지 않았는데 뭐가 부끄러울 것이 있나. 일기는 나를 힘들게 하는 것이 아니라 나를 올바른 방향으로 이끌어주고 보호해주는 역할을 했다.

《원칙을 지키면 해결된다》라는 책을 써서 직원들에게 나눠줬더니 직원들이 '기억력이 좋다.', '어떻게 그렇게 자세하게 기억하고 있느냐'고 하는 소리를 많이 들었다. 내가 기억력이 좋은 것이 아니라 업무수첩을 쓰고 planner를 쓰면서 기록전에 …

을 남겼기 때문이다. 메모나 일기는 어떻게 사용하느냐에 따라 얼마든지 인생을 바꿀 수 있다. 나는 나를 지키는 도구나 업무를 개선하는 도구로 사용해왔지만, 여러분에게는 자신의 인생을 바꾸는 도구로 활용해보라고 권하고 싶다.

인터넷 바둑을 두면서 이기려고, 급수를 올리려고 하면서 밤을 새울 때가 있었다. 한 판만 두기로 마음먹었지만, 밤을 새웠던 적이 있다. 일기를 쓰며 컴퓨터에서 바둑프로그램을 삭제하고 한 판만 두겠다며 다시 프로그램을 설치하기를 반복했지만 결국 거기서 벗어나게 할 수 있었던 것은 일기 쓰기의 힘이었다.

나쁜 버릇은 빠져들기 쉽고 좋은 버릇은 만들기 어렵다. 일기 쓰기의 힘을 내 인생을 바꾸는데 잘 사용했더라면 지금보다 나은 삶을 살고 있었을 텐데 하는 후회 아닌 후회를 하는 것이 솔직한 심정이다. 나와 같은 삶을 사는 사람들이 이 글을 읽으며 조금이라도 보탬이 되었으면 하는 바람이다.

메모나 일기는 나쁜 버릇을 고치는 수단으로 활용할 수도 있고, 업무의 성과를 올리는데 활용할 수도 있다. 어떻게 이용하느냐에 따라 인생이 달라진다. 부귀와 영화를 누렸다고 행복한 것이 아니다. 자기가 하고 싶은 일을 하면서 사는 것이 행복이다. 메모나 일기를 자기가 하고 싶은 일을 하면서 살아가는 도구로 활용해보라.

메모나 일기를 지금까지는 부끄러움 없이 사는 것에 활용해왔지만, 이제부터는 내가 하고 싶은 일을 하면서 사는 데 활용해 볼 생각이다. 1년에 10가지 목표를 세우고 일기장 맨 앞에 붙여 놓고 매일 읽어보고 마음을 다지며 10가지 목표를 달성하는 도구로 활용해 볼 생각이다. 크게 성공하지는 못했지만 이만큼 사는 것도 일기를 써왔고 메모를 해왔기 때문이라 생각한다.

외장 하드에 저장해 놓고, 올해 책을 출판하려고 원고를 써놓고 틈나는 대로 수정하여 마무리 단계에 있었는데 어느 날 문서가 열리지 않았다. 컴퓨터를 잘 다루는 지인에게 부탁했는데도 문서가 깨져 복구할 수 없다고 했다. 하는 수 없이 기억을 더듬어 다시 원고를 쓰는데 먼저 썼던 원고를 그대로 쓸수는 없었다. 먼저 썼던 원고에 좋은 소재가 있었는데 그것이 무엇인지 생각나지 않았다.

　아직도 일기를 쓰지 않는 사람이 있다면 꼭 써 보라고 권하고 싶다. 메모하지 않는 사람이 있다면 메모를 자신이 하고 싶은 일을 하는 도구로 사용해보라고 권하고 싶다.

　지난 3권의 책을 출판할 때에는 원고를 누군가에게 보여주지 않고 출판했지만, 이번에는 시흥시청에서 힘들 때 같이 근무했던 이영희 사무장과 문주연 주무관에게 원고를 보내주고 검토해 달라고 부탁했다. 바쁜데도 읽어보면서 자신의 의견을 준 직원에게 고맙다는 인사를 하고 싶다.

저자 김 운 영

Contents

PART 03

메모하면 사소한 것도 좋은 아이디어가 된다

PART 04

메모는 꿈을 이루게 한다

Contents

IT시대에도
기록은
필요하다

미래에도
기록은 필요하다

  우리가 살아가는 세상은 생각하는 것보다 훨씬 빨리 변해
가고 있다. 어제는 의미가 있고 가치가 있었던 것들이 오늘은
의미가 없고 가치가 없는 것이 된다. 하지만 우리의 삶에 어
제가 없었으면 오늘도 없는 것처럼 오늘이 없으면 내일도 없
다. 어제는 과거니까, 지나간 것이니까 가치가 없는 것이 아
니라 어제 있었던 일이 오늘을 살아가는 데 소중한 추억이 되
기도 하고 때로는 기억하기 싫은 아픔으로 남기도 한다.

  초등학교에 다닐 때 방학 숙제로 일기 쓰기 숙제를 했던 적
이 있다. 선생님이 일기를 읽어보는 것이 싫었지만, 숙제니까
어쩔 수 없이 쓰는 것이다 보니 매일 쓰는 일기의 내용이 거
의 같은 내용이었다. 일기를 어떻게 쓰는지 몰라 아침에 일어
났다. 아침을 먹었다. 친구들과 놀았다. 공부하다가 저녁을
먹고 잠을 잤다. 내용이 아주 간단했고 매일 반복되는 내용이
다. 비가 왔는지 맑았는지 만 다를 뿐이다.

일기 검사를 하면 자율성이 사라진다. 자율성이 사라지면 솔직한 글쓰기가 어렵다. 분명 어제와 오늘은 다른 날이다. 억지로 쓴 숙제이다 보니 내용은 중요하지 않고 숙제를 해가는 것이 중요하다고만 생각했었다. 그러나 훗날 봤을 때 아침에 일어나서 무엇을 먹었는지, 친구들과 무엇을 하며 놀았는지, 어디를 갔었는지 자세히 기록했다면 더 생생하고 좋은 기록이 되었을 것이다. 그 시대의 상황을 알 수 있는 중요한 자료가 될 수도 있다. 하지만 억지로 쓴 일기라서 미래인 지금은 전혀 도움이 되지 않는다.

아버지는 6·25 때 혼자서 월남하셨다. 아버지의 고향은 이북이라서 지금은 가고 싶어도 가 볼 수도 없는 곳이다. 북한의 지명이 옛날에 쓰던 지명을 그대로 쓰는 것이 아니라 지금은 모두 바뀌었다고 한다. 통일되더라도 아버지의 고향을 찾아갈 수 있을지 모르겠다. 아버지는 내가 고등학교 2학년 때부터 앓으시다가 고등학교를 졸업하는 해에 돌아가셨다.

고등학교 2학년부터 아버지를 모시고 병원에 다녔지만, 아버지가 왜 혼자서 월남하셨는지, 어떻게 살아오셨는지 말씀해주지 않으셨다. 그렇다고 기록으로 남겨 놓으신 것도 아니다. 아버지가 어떻게 살아오셨는지 말씀하지 않으시고 돌아가셔서 아버지가 어떤 삶을 사셨는지 모른다. 얼마 전 고향에서 같이 사시던 91세 되신 지인이 요양원에 계시다고 하여 위문 겸 방문했던 적이 있었다. 그분도 자신이 봤던 부분만 알고 계시는 것이지 그 전의 일에 대해서는 모를 수밖에 없다.

그분이 아버지가 월남하셔서 용인에 정착하시면서 아버지가 어떻게 사셨는지에 대해서 말씀해주셨다. 이때까지 한 번도 들어보지 못했던 이야기다. 아버지와 관련된 얘기를 아버지로부터 들은 것이 아니라 다른 사람에게서 들은 것이다. 많은 사람이 자신의 삶에 대해서 기록하지 않는 것처럼 아버지도 아무런 기록을 남기지 않으셨다. 그렇다고 철모르는 어린 시절에는 아버지와 함께 살고 있었지만, 그때의 일이 전혀 기억나지 않는다. 아버지가 그리울 때면 아버지가 남기신 사진 몇 장과 한문(漢文)으로 된 성경책을 꺼내보지만, 늘 아쉬움만 남는다.

1982년 공직생활을 시작하면서 공무원에게 지급되는 업무수첩을 쓰기 시작했다. 공무원에게 지급되는 업무수첩을 어떤 직원들은 거의 기록하지 않고 버리는 경우가 있다. 나는 업무수첩을 비교적 자세하게 기록하는 편이었지만, 자서전을 쓰면서 참고하려고 오래전에 썼던 업무수첩을 꺼내 봤더니 내용이 많이 부실했다.

업무수첩을 한 권도 버리지 않고 보관하다가 이사하면서

일부 없어지기는 했지만, 공직생활 하면서 쓴 업무수첩을 모두 보관하고 있다. 업무수첩을 나눠줘 기록하기는 했지만, 초창기에는 어떤 내용을 기록해야 할지 몰랐다. 그 당시 업무수첩을 잘 써놨다면 아주 중요한 내용이 많이 있었을 텐데 아쉬움이 남는다. 초등학교 다닐 때 방학 숙제로 일기를 쓸 때 억지로 써놓은 것이 일기로서의 가치가 없었던 것처럼 업무수첩도 기록으로 남겼어야 할 내용이 기록되어 있지 않으니까 큰 의미가 없다.

노년이 되어 자서전을 쓰고 싶어 하는 사람들이 있어 막상 한번 써보라고 하면 용기가 나지 않는다고 한다. 기억나는 것이 없다고 한다. 쓰고는 싶은데 막상 쓰려고 하면 자신이 없다고 한다. 선거에 출마하려는 사람들은 자신을 알리려고 자서전을 써서 출판기념회를 한다. 그들 중에는 화려한 경력을 가진 사람도 있고, 높은 직위에 오른 사람도 있다. 그러다 보니 자서전에 담을 내용도 풍부할 것 같지만 막상 그들이 쓴 책을 읽어보면 행사 사진이 대부분이고, 자신의 삶에 관한 내용은 거의 찾아보기 어렵다.

기록하는 것을 배우지 않았기 때문에 기록하는 것이 습관이 되지 않았다. 살면서 기록을 남기는 삶을 살지 않았기 때문에 생각나는 것에 의존할 수밖에 없다. 과거의 기록이 뭐가 중요하냐고 생각할지 모르지만, 기록하면서 자신의 삶을 되돌아볼 수 있다. 자신의 삶을 바른길로 가게 인도한다. 하루아침에 변하는 것은 아니라 천천히 자신의 삶에 변화가 생긴다. 잘 느껴지지는 않지만 분명 변하고 있다.

매일 일기를 써봐라. 매일 하는 일이 똑같은데 무슨 얘기를 쓰라고 하느냐 하지 말고 써보라고 권하고 싶다. 하루하루가 똑같다고 생각되면 일기를 쓰면서 어제와 다른 삶을 살려고 노력해 봐라. 일기를 쓰면 하루아침에 달라지지는 않지만, 변하는 것을 느끼지는 못할지라도 변하게 되어 있다. 지금은 변하는 것이 없다는 생각이 들지 모르지만 1년 후에는 분명 조금은 변해있고, 10년 후에는 전혀 다른 삶을 살고 있을 것이다. 너무 조급해하다 보면 금방 싫증나고 포기하게 될 수 있다. 너무 많은 것을 하려고 하지 말고 하루에 한 가지씩이라도 꾸준하게 해봐라. 하루에 한 가지라도 하겠다고 정하고 무엇을 했는지를 적어봐라.

그것이 나의 삶에 어떤 부분이든 영향을 미칠 것이라고 믿어라. 어제와 오늘이 같다고 생각되면 무엇인가 다른 것을 찾아보라. 어제와 오늘은 같을 수는 없으며, 무엇인가 다를 수밖에 없다. 찾을 수 없다면 영어문장 하나라도 외워봐라. 처음에는 오늘 외운 것이 다음 날 생각나지 않을 수 있다. 하지만 반복하다 보면 나도 모르게 입에서 튀어나온다. 책을 읽어보고 느낌이라도 적어봐라. 무엇인가 남는 것이 있을 것이다.

오늘은 어제가 있었기 때문에 있는 것이다. 어제를 어떻게 보냈느냐에 따라 오늘이 달라질 수 있다. 오늘이 내일의 과거가 되는 것이다. 지금 세상은 IT 시대에서 DT 시대로 가고 있다고 한다. 미래가 앞으로 어떤 시대로 변할지 모르지만, 미래에도 기록은 분명 필요할 것이다. 아무리 시대가 발전하더라도 기록은 필요하다. 기록했다고 끝나는 것이 아니라 기록한 것을 읽어보고 생각해보고 보완해가면 좋은 기록이 된다.

미래에는 기록하는 방법은 달라질지 모르지만, 기록이 필요하다는 것을 누구도 부인할 수 없다. 미래에도 기록이 필요하다면 도움이 되는 기록을 남기는 것이 필요하다. 읽어볼 때 무슨 내용인지 알 수 있어야 하고, 의미가 있어야 한다.

SNS에 남긴 메모는
어디서나 활용할 수 있다

SNS를 사용하면서도 자신의 글은 올리지 않는 사람들이 있다. 남이 올린 글은 읽기만 하고 자신의 느낌을 전혀 남기지 않는 사람들이 있다. 자신의 글을 다른 사람들이 읽는다는 것에 부담을 느껴 다른 사람들이 볼 수 없도록 비공개로 글을 올리는 사람이 있다.

공직생활을 할 때는 SNS에 수시로 글을 올리는 직원에게 그 친구는 일은 하지 않고 쓸데없는 짓을 한다고 말하는 직원이 있다. 그러다 보니 직원들이 SNS에 글을 올리기를 꺼려하는 경우가 있다. 나는 유난히 무더웠던 2017년 6월 17일부터 8월 3일까지 삼복더위에 혼자서 우리나라 해안가를 한 바퀴 도는 도보여행을 떠났다. 날씨가 무더운 낮을 피해 시원한 새벽에 걷기 위해 매일 새벽 5시에 일어났다.

48일 동안 271만 보 2,056㎞를 걸으며 페이스북에 여행기를 올렸더니 많은 사람이 응원해줬다. 매일 100리가 넘는 길을 걸으며 매일 물을 10병 이상 마셨지만, 소변을 한 번도 보지 않을 정도로 비 오듯 땀을 흘리면서도 걸을 수 있었던 것은 하루하루 걸은 것을 페이스 북에 게시한 글을 보고 지인의 응원 댓글을 남긴 것이 힘이 되었다. 길게 쓴 글을 끝까지 읽어주고 응원의 댓글을 달았다. 응원의 댓글은 도보여행 하는데 보람을 느끼게 했고, 힘들 때 힘이 되어줬고, 완주해야겠다는 용기를 갖게 했다. 걷다가 쉬면서 응원 댓글을 읽으며 완주하겠다는 다짐을 하게 되었고, 댓글을 읽는 것이 도보여행에 즐거움이 되었다.

페이스북에 도보 여행기를 올렸더니 그동안 연락을 하지 못했던 친구에게서 전화가 왔다. 여행을 끝내고 돌아오니까 페이스북을 하지 않는 직장 동료들이 서로 정보를 공유하여 정말 대단한 일을 했다는 얘기를 정말 많이 들었다. SNS 상에 공유되는 자료는 SNS를 사용하지 않는 사람들에게도 영향을 미친다.

SNS에 글을 올리는 것은 쓸데없는 일이 아니다. 때로는 응원 댓글에 힘을 얻기도 하고, 읽어주는 사람이 있고 관심 가져 주는 사람이 있으니까 더 신중하게 생각하며 글을 쓰게 된다. 또한 읽어주는 사람들이 궁금해 하는 것을 알려주고 싶어진다. 그러다 보니 하루 10시간 이상 걷고 피곤하고 힘들 때도 있었지만, 응원해주는 분들이 궁금해 할 것 같아 글을 올리게 되었다.

💡 SNS 조회수 노하우 ────────

① 많은 사람이 조회하게 하려면 제목을 잘 써야 한다.

제목을 어떻게 쓰느냐에 따라 조회 건수가 달라진다. 내용도 중요하지만, 제목을 잘 써야 조회 건수가 늘어난다. 나는 오래전에 블로그를 만들었지만 사진 한 장을 올려놓고 사용하지 않았다. 사진을 올려놓고 공개로 해놨지만 몇 년 동안 단한 명도 본 사람이 없었다. 블로그에 글을 올려도 아무렇게나 올리면 누가 글을 읽어보지 않는다. 페이스북이나 블로그를 이용해서 자신의 사업을 홍보하는 사람도 있고, 자신을 홍보하는 사람도 있다.

언젠가 블로그에 사진을 저장해두면 좋다는 얘기를 들었다. 그래서 도보여행을 하면서 페이스북에 올렸던 글을 다시 정리해서 올렸다. 글에 따라 보는 사람의 수가 달랐고, 글을 올리면서 제목을 어떻게 쓰느냐에 따라 글을 조회하는 숫자가 달라진다.

제목	조회수
배낭을 메고 가방을 끌며 포천 수원산 고개를 넘어	569회
1인분은 물회가 아니면 횟 밥 만 가능하단다.	536회
도보여행 중 40년 만에 만난 여자 동창	553회
죽도 상화원	58회

② 한 번 올렸던 글의 제목을 바꿔봐라.

내가 쓴《원칙을 지켰더니 해결 되더라》를 며칠에 한 꼭지
씩 블로그에 올렸다. 블로그에 글을 올리고 조회하는 사람들
이 얼마나 되는지 확인해 봤더니 책을 쓰면서 사용한 제목으
로 올렸더니 조회하는 사람이 많지 않았다. 그래서 블로그에
올린 글의 제목을 수정해봤다. 그랬더니 조회하는 숫자가 늘
어나기 시작했다.

블로그에 글을 올린 것으로 끝내지 말고 조회하는 사람이
있는지를 확인하여 조회하는 사람이 없으면 제목을 바꿔보는
것이 필요하다. 블로그에는 하루에도 수없이 글이 올라오는
데 나의 글이 조회되게 하려면 내용도 중요하지만, 제목이 아
주 중요하다. 특히 자신을 홍보하고 싶은 사람이나 제품을 소
개하고 싶으면 제목이 중요하다. 한 번 썼다고 그냥 놔두지 말
고 제목을 바꿔봐라.

제목 ▶ 수정한 제목	조회수
내 삶의 길을 바꾸게 한 군대생활	5회
▶ 내 인생의 방향을 바꾼 군대 생활	625회
모순된 감정평가 수수료 규정	1회
▶ 감정평가 수수료 "+"로 연결되었다고 1건이 아니다.	1,519회
도로점용료 부과징수제도 개선	6회
도로점용료 전산화했더니 수입을 크게 늘고 업무처리 시간은 크게 단축되었다.	1,282회
도로시설물 파손한 제보	3회
도로시설물을 파손한 교통사고 제보	1,427회

③ 내가 쓴 글이라도 다시 읽어보고 수정해라.

한 번 SNS에 글을 게시했다고 그냥 놔두지 말고 다시 읽어
보고 수정해야 하는 부분이 없는지 살펴보는 것이 필요하다.
포털 시스템에서 검색할 때 내용으로 검색되는 경우도 많다.
문장을 바꿔야 하는 내용이 없는지, 오탈자는 없는지, 문법에
어긋난 문장은 없는지 살펴보는 것이 필요하다.

디지털 카메라나 스마트폰 카메라에 있는 사진이나 자료를
외장 하드에 저장하다가 실수로 자료를 모두 날려 버린 경우
가 있다. 다시 사진을 찍을 수도 없고 참으로 황당했다. 이런
자료들을 블로그에 저장해두면 인터넷이 되는 곳이라면 언제
어디서나 자료를 꺼내 볼 수 있다. 혼자서 보고 싶은 자료는

비공개로 설정하면 된다.

  SNS에 자료를 공개하면 공유할 수 있어서 좋다. 일일이 가지고 다니지 않아도 누구나 가지고 있는 스마트폰으로 언제 어디서나 볼 수 있고, 필요할 때 활용할 수 있다. 때로는 응원도 해줄 수도 있고 응원을 받을 수도 있다. 그러면서 용기를 얻기도 하고 위로를 받기도 한다. 서로 공감해주면서 서로에게 응원이 되고, 힘이 된다. 서로 정보를 주고받을 수 있어서 좋다.

SNS를 통해서 공유하면 좋은 점

1. 누구나 가지고 있는 스마트폰을 이용할 수 있다.
2. 글로 쓸 수도 있지만 녹음이나 사진 등 다양한 방법을 활용할 수 있다.
3. 장소에 구애받지 않고 실시간으로 이용할 수 있다.
4. 불필요한 시간 낭비를 줄일 수 있다.
5. 서로 간에 신뢰를 확보할 수 있다.
6. 구성원과 공감대를 형성할 수 있다.

SNS에 남긴 메모는 어디서나 활용할 수 있다

기록은
미래의 자산이다

  공직생활을 시작할 때 첫 근무를 함께 했던 직원이 간질병을 앓고 있었다. 간질병으로 군복무를 면제 받았다. 그리고 간질병으로 군복무가 면제되었다면 공직생활도 불가능하다는 판단으로 공직사회를 떠났던 적이 있다. 면사무소에서 가까운 곳에 방을 얻어 놓고 발작이 올 것 같으면 방에 가서 혼자서 발작을 하고 오기 때문에 몇 년 동안 함께 근무하는 직원들도 간질병 환자라는 사실을 몰랐다.

  을지훈련을 하면서 밤을 새워야 하는데 숙직 방에서 대기하면서 담배를 피우니까 이것이 싫어서 이불장 안에 들어가서 잤다. 그런데 갑자기 문이 덜덜 떨리는 소리가 났다. 직원들이 깜짝 놀라 문을 열었더니 그 직원이 발작하는 것이었다. 당시에는 간질병이 완치가 어려운 병으로 알려졌다.

  그런데 어떤 사람이 만드는 약을 먹으면 간질병이 완치된다는 것이다. 그 사람이 만드는 약은 30만 원이라고 했다. 당시 급여가 6만 5천 원 정도였으니까 싼 것은 아니다. 하지만 먹기만 하면 완치가 된다고 한다. 그 사람은 주문이 들어오면 나물 뜯는 칼, 절구, 약을 짜는 천, 페트병을 가지고 들로 나간다고 한다. 그리고는 집에 들어올 때는 페트병에 식물 즙을 한 병 가지고 들어오는데 그 식물의 즙을 먹으면 간질병이 완치된다고 했다.

같이 근무하던 직원이 그 약을 먹고 완치 판정을 받고 다시 공직생활을 할 수 있게 되었다. 그런데 그 여성은 그 약을 만드는 방법을 아무에게도 가르쳐주지 않고 사망했다. 가족에게도 가르쳐주지 않고 어디에도 기록을 남기지 않았다. 안타까운 일이 아닐 수 없다. 간질병을 앓고 있는 사람에게는 완치될 수 있는 약이 있다면 가격이 비싸더라도 구입하여 먹을 것이다. 그 여성이 간질병을 치료하는 약을 만드는 방법을 기록으로 남기거나 가족들에게 전수를 해줬다면 많은 환자가 힘들지 않아도 될 것이다.

허준이 쓴 《동의보감》은 왕명에 의해서 편찬하게 되었다. 동의보감은 많은 사람에게 도움을 주기 위해서 첫째 병을 고치기에 앞서 병에 안 걸리도록 하는 방법을 기록했다. 둘째 무수히 많은 처방의 요점을 정리해서 기록했다. 셋째 우리나라에 자라는 약초를 우리나라 사람들이 알 수 있도록 한글로 썼다.

동의보감은 과학이 발달한 오늘날에도 한의학에서 아주 귀중한 자료로 사용되고 있다. 동의보감 출간 이후 중국이나 일본에서도 출간되었다. 좋은 정보는 본인만이 아니라 많은 사람이 공유하면 많은 사람이 이용할 수 있다. 간질병 약도 만드는 방법을 기록으로 남겨 두었다면 간질병으로 고생하는 사람은 없을 것이다.

핀란드 여행을 할 때 들은 이야기다. 신기술이 개발되면 공유하여 새로운 아이디어를 추가하여 끊임없이 새로운 기술을 개발한다고 한다. 요즈음은 신기술이나 정보가 자본이 되는 세상이다 보니 비밀을 유지하려고 하고, 또 한쪽은 몰래 기술을 빼내려고 하는 세상이다 보니 기술이나 정보를 공유하는 것은 쉽지 않다.

허준의 《동의보감》이 수많은 사람의 건강을 지키는데 사용되고 있고, 어느 특정인만 가지고 있는 것이 아니라 수많은 사람의 병을 치료하는데 활용되고 있다. 책으로 만들어 많은 사람이 볼 수 있도록 했고 처방을 공유하고 많은 사람이 이용할 수 있도록 했다. 많은 사람에게 도움이 되는 것은 공유하는 것이 필요하다.

들에서 자라는 야생초를 이용해서 간질병을 완치할 수 있는 방법을 기록으로 남겨놨더라면 지금은 일반화되었을 것이다. 그 사람은 다른 사람이 알면 돈을 벌지 못할 것이라며 혼자서만 알고 가족에게도 가르쳐주지 않았고 기록으로도 남기지 않았다. 자신이 살아 있는 동안에는 자신만 알면서 돈을 버는 것을 나무라고 싶지 않다. 가족에게라도 방법을 알려주던지, 최소한 어디엔가 기록을 남겨 좋은 정보는 많이 활용할 수 있도록 하는 것이 필요하다.

수원화성이 1997년 세계문화유산으로 등재되었다. 수원화성은 1900년대 일제강점기에 방치되고, 6.25 전쟁으로 흔적만 남기고 대부분 사라졌다. 성곽을 복원하였는데 원칙적으로 복원한 것은 세계문화유산으로 지정하지 않는데 수원화성은 복원되었기 때문에 세계문화유산 등록할 때 얼마나 정확하게 복원되었는지가 평가의 관건이었다. 화성 축성 후 발간된〈화성성역의궤〉가 있었고 그대로 축성했기 때문에 세계문화유산으로 지정될 수 있었다. 꼼꼼하게 기록한〈화성성역의궤〉가 없었다면 화성은 세계문화유산으로 지정될 수 없었을 것이다.

사람들이 지금 하는 일이나 지금 보고 있는 것을 언제까지나 기억할 수 있을 것이라고 생각하는 데 그렇지 않다. 번개처럼 떠오른 아이디어도 잠시 후에 다시 기억을 떠올리려고 하면 생각나지 않는 경우가 있다. 좋은 아이디어였는데 아무리 생각하려고 해도 무엇인지 생각나지 않는다면 얼마나 안타까운 일인가?

초등학교 때는 어리니까 기억나지 않는다고 하더라도 중학교나 고등학교 때 담임선생님의 이름을 물어보면 대답할 수 있는 사람이 많지 않다. 특별히 인상적이었던 선생님은 기억할지 모르지만 매일 얼굴을 봤던 담임선생님의 이름이 생각나지 않는다.

나만 알고 있는 것이니까 내가 죽기 전에 누군가에게 알려줄 것으로 생각할지 모른다. 그러나 언제 죽을지 아무도 모른다. 그래서 내가 의지를 갖고 활동할 수 있을 때 지금 유언장을 쓰라고 한다. 자신이 죽는 날을 아는 사람은 아무도 없다. 미국에서는 수시로 총기 난사사고가 발생한다. 아침에 학교에 갔는데 학교에서 총기 난사 사고로 사망할 수 있다. 출근하다가 교통사고로 사망할 수도 있다.

시간이 있을 때 기록하겠다며 미루지 마라. 좋은 아이디어가 달아나서 다시는 돌아오지 않는다. 기록하는 것은 때가 있는 것이 아니라 생각날 때 바로 기록해야 한다. 메모지나 필기구가 없다고 핑계 대지 마라. 누구나 갖고 다니는 스마트폰이 있다. 스마트 폰에는 다양한 메모의 기능이 있다.

스마트 폰 사용법을 모른다고 핑계 대지 마라. 내가 동장으로 있을 때 60세가 넘은 여성에게 주부 모니터 요원으로 활동하라고 했더니 자신은 컴맹이라며 못한다고 했다. 그래서 주민자치프로그램으로 컴퓨터 교실이 있으니까 가서 배우라고 하며 주부 모니터 요원으로 위촉했던 적이 있다.

컴퓨터 앞에 앉아보지도 않았던 나이가 60세가 넘은 주부가 지금은 행정안전부에서 운영하는 우수 주부 모니터 요원으로 활동하고 있다. 다양한 봉사활동에도 참여하며 휴대폰을 이용하여 페이스북에 활동하는 모습을 올리고 있다. 이런 활동을 하면서 많은 사람이 글을 읽고 응원해주는 댓글을 읽고, 댓글을 달며 재미있게 살고 있다.

자원봉사시간이 10,000시간이 넘어 시흥시에서 선정하는 명예의 전당에 오르며 한 신문에 인터뷰하면서 컴퓨터도 할 줄 모르는 사람을 주부 모니터 요원으로 위촉해줘서 컴퓨터도 배우고 다양한 활동도 할 수 있게 해줘서 내게 고맙다고 했다. 이제 70세가 넘은 노인이지만 인생이 살맛이 난다고 했다.

무엇을 하라고 하면 핑계부터 대는 사람이 있다. 절대로 핑계 대지마라. 살면서 메모해라, 누구나 기록하는 삶을 살라는 말을 한 번은 들어봤을 것이다. 기록하라는 말을 듣고 기록하는 사람은 많지 않다. 기록하는 사람과 기록하지 않는 사람은 다르다. 처음에는 달라지는 것을 느끼지 못할지 모른다. 그러나 10년, 20년 후에는 전혀 다른 삶을 살게 된다.

쓰라니까 억지로 쓰면 쓰더라도 달라지지 않을 수 있다. 변하는 것이 없다며 포기할 수도 있다. 하지만, 메모하고, 메모한 것을 읽어보고, 생각하다 보면 조금씩 변하게 되어 있다. 변하지 않는 것 같지만 어느 날 변해있는 것을 발견하게 될 것이다. 바쁘다고 핑계 대지 말고 실천해봐라.

네 번째

기록보존에는
안전장치가 필요하다

여러 가지 방법으로 기록을 남길 수 있다. 종이에 기록하는 방법이 있고, 외장 하드에 저장하는 방법이 있다. 책을 출판할 때도 전자문서로 자료를 제공해야 하고, 이메일로 문서를 보낼 때도 전자문서로 보내야 한다. 요즈음은 손으로 편지를 쓰는 것을 찾아보기 힘들다. 카톡, 문자, 이메일 등으로 주고받기 때문에 문서를 작성할 때 전자문서로 작성하는 것을 당연시하고 있다.

그러다 보니 언제부터인가 자료를 하나의 외장 하드에만 저장하고 있었다. 올해 출판하려고 했던 원고를 외장 하드에 저장해 놓고 매일 읽어보며 수정하고 있었다. 하지만 어느 날 아침까지 수정했던 자료를 외출했다가 돌아와서 수정하려고 하니까 자료가 깨져서 열리지 않았다. 올해 출판하려고 쓴 원고를 지난 1년 동안 매일 읽고 또 읽으며 수정하여 이제 원고를 출판사로 넘기려고 했는데, 어제까지 말짱하던 문서가 깨져버린 것이다. 너무도 황당했다.

비용이 들어가도 어떻게든 복구하려고 전문가를 찾아가 부탁했지만, 복구가 어렵다고 했다. 문서가 깨지는 원인이 다양하다고 했다. 작은 충격에 손상될 수도 있어 외장 하드에 자료를 저장할 때는 1개에만 저장하지 말고 최소한 2개 이상에 저장해야 한다고 했다. 외장 하드에 445기가의 자료가 저장되어 있는데 다른 자료들은 괜찮은데 그 자료만 손상된 것이다. 외장 하드에 저장된 자료는 그 원고만 중요한 것이 아니라 내게는 모두가 아주 중요한 자료였다.

나는 그 즉시 문제가 되더라도 자료가 모두 사라지지 않도록 하려면 바로 외장 하드를 하나 더 주문했다. 그런데 주문한 외장하드가 도착하기도 전에 그동안 사용해오던 외장 하드 전체가 읽혀지지 않았다. 하나의 외장하드만 사용해오다 보니 외장하드에 저장된 자료가 어디에도 남아 있지 않았다.

미리 다른 외장 하드에 저장하지 않은 것이 후회되었다. 원고를 교정할 때는 종이로 출력하여 교정하라고 하는데 한 부 출력해 두지 않은 것이 후회되었다. 외장 하드에 저장된 자료를 안전하게 보존하기 위해서는 외장 하드를 하나 더 사서 저장했어야 했는데 이미 때가 늦어버렸다. 외장 하드에 저장하더라도 아주 중요한 자료는 종이로 출력하여 파일에 보관해야 한다.

디지털카메라가 나오기 전에 종이로 인화한 사진 중에도 중요한 자료는 디지털카메라로 사진을 촬영하여 외장 하드에 저장했다. 지난해부터는 일기도 외장 하드에 저장하고 있다. 전적으로 외장 하드에 의존하고 있었는데 갑자기 이런 일이 발생하니까 너무도 황당했다. 외장 하드에 저장하면서 항상 휴대할 수 있어서 좋다고 생각했는데 이런 일을 당하고 보니까 막막했다.

중요한 자료는 내게 메일을 발송하기도 하고, 블로그에 게시하고 비공개로 설정하기도 하고, 스마트폰으로 사진을 촬영하면 자동으로 클라우드에 저장되도록 했다. 그런데 이번에는 그마저도 하지 않은 것이 후회된다. 외장 하드는 전적으로 믿을 수 있는 것이 못 된다. 처음부터 다시 작업하려니 막막하다. 새로 작성해도 되는 것은 괜찮지만, 다시 복구할 수 없는 자료도 있다.

내 결혼식이나 어머니 회갑연을 할 때는 비디오테이프로 녹화를 했다. 그런데 요즈음은 비디오테이프를 재생하는 기기가 없다 보니 비디오테이프에 보관되어 있는 자료는 보고 싶어도 볼 수가 없다. 그래서 비디오테이프에 저장된 자료를 CD에 구워주는 곳을 수소문해서 CD에 담았다. 그리고는 외장 하드에 복사하여 보관하고 있다. 요즈음 나오는 컴퓨터나 노트북에는 CD를 삽입할 수 있는 장치가 없는 것이 있다. 시대가 바뀌면서 저장장치도 바뀌어 간다.

소중한 자료를 활용하기 위해서는 자료가 저장된 기록을 시대가 변해감에 따라 볼 수 있도록 자료를 바꿔줘야 한다. 모든 자료를 종이로 보관하기가 쉽지 않다. 종이로 저장한다고 하더라도 체계적으로 관리하지 않으면 필요할 때 찾아볼 수 없다. 내가 외장 하드에 저장하여 관리하고 있는 사진이 몇 만 장은 될 텐데 그것을 종이로 인화하여 보관하기는 정말 어렵다. 저장된 자료 중에는 종이로 출력할 수 있는 자료도 있지만, 종이로 출력할 수 없는 자료도 있다.

동영상 자료는 종이로 저장하고 싶어도 저장할 수 없다. 동영상 자료는 메모리나 외장 하드에 저장하여 보관할 수밖에 없다. 그런데 메모리나 외장 하드가 안전한 저장장치가 아니라는데 문제가 있다. 지금은 사진 자료나 동영상 자료의 용량이 커지다 보니까 저장장치도 달라질 수밖에 없다. 저장용량이 큰 메모리나 외장 하드에 저장할 수밖에 없다. 그런데 저장용량이 큰 하나의 외장 하드에만 저장했다가는 큰 낭패가 생길 수 있다.

하나의 저장장치에 모든 자료를 저장했다가 문서가 날아가

버리면 복구하지 못하는 경우가 생긴다. 비용을 들여 복구할 수 있으면 다행인데 비용을 지급하더라도 복구하지 못하면 낭패가 아닐 수 없다. 자료를 저장할 때는 최소한 2개 이상의 저장장치에 저장해두는 것도 필요하다. 그리고 중요한 자료는 나에게 e-메일을 보내거나 클라우드 같은 기능을 활용하면 인터넷이 되는 곳이면 언제 어디서나 활용이 가능할 뿐만 아니라 설사 자료가 저장장치에서 사라져도 걱정할 필요가 없다.

IT 산업이 발달하면서 편리한 점도 있지만, 한순간에 모든 자료가 사라질 수 있는 위험도 있다. 그래서 기록하는 것이 중요한 것만큼 기록한 자료를 잘 활용하기 위해서는 기록한 자료를 잘 보존하는 것도 아주 중요하다. 가능하면 2개 이상의 저장장치에 저장하고 최대한 안전장치를 마련하는 것이 소중한 자료를 안전하게 보존방법이다.

한때는 기록을 비디오테이프로 남겼으나 지금은 비디오테이프를 재생하는 장치가 없어 비디오테이프에 저장된 기록을 볼 수가 없다. 지금은 디지털 자료를 저장용량이 큰 외장 하드에 저장하고 있다. 그런데 외장 하드가 손상되면 어마어마한 자료가 사라지게 된다. 그나마 종이에 저장하는 것이 안전할 수 있다.

디지털 자료가 날아가는 것을 방지하기 위해서 종이에 보관하려고 해도 체계적으로 보관할 공간이 없다 보니 오래된 자료라며 버리는 경우가 많다. 기록을 남기는 것도 중요하지만, 남긴 기록이 미래에 사용할 수 있는 기록으로서 가치가 있게 하려면 다양한 방법으로 보존해야 한다. 미래에 열어 볼 수 있는 자료로 전환하여 보관해야 한다.

소중한 자료는 종이로 출력하여 보관하면 전자문서가 날아가도 다시 입력하거나 종이로 된 문서를 촬영하면 전자문서로 전환되는 프로그램을 활용하면 문제를 해결할 수 있지만, 외장 하드에 저장되어 있다가 외장 하드가 손상되면 낭패 볼 수밖에 없다. 아무리 소중한 기록이라고 하더라도 활용할 수 없으면 자료로서의 가치가 없다.

오랫동안 간직해 오던 소중한 자료가 한순간에 사라진다면 허망할 수밖에 없다. 비용을 들여서라도 복구할 수 있으면 다행이지만, 복구할 수 없다면 모든 기록이 사라진다. 소중한 자료를 미래에 사용할 수 있도록 보존해야 기록했던 자료가 자료로서의 가치가 있다. 디지털 자료는 항상 활용할 수 있는 상태가 되도록 관리하는 것이 필요하다.

디지털 자료는 조그마한 충격에서 자료가 손상될 수 있다. 하나가 손상되더라도 백업 받아 쓸 수 있도록 하나 더 보관해야 한다. 시대가 변하면서 자료를 열어 볼 수 있는 하드가 바뀔 수 있다. 기록을 보존할 때는 자료를 변환하여 시간이 지나더라도 볼 수 있도록 있도록 해야 한다.

다섯 번째

미래에 필요한
메모를 하자

    미래에 필요할 것 같아서 메모하는 것인데 미래에 도움이 되지 않는다면 메모할 필요가 없다. 메모할 때 미래에도 필요한 자료가 되기 위해서는 미래에도 필요한 내용이 기록되어 있어야 한다. 자신이 전에 기록했던 것을 읽어보면 자신의 기록 중 어떤 부분이 부족한지, 앞으로 어떻게 기록해야 하는지 알 수 있다.

    나는 공직생활을 시작하면서 공무원 업무수첩을 쓰기 시작했다. 해가 바뀌었다고 지난 업무수첩을 버리지 않고 모두 보관한다. 그러다가 이사하면서 일부 분실되었지만, 지금까지 내가 써온 업무수첩을 거의 보관하고 있다. 2002년부터 프랭클린 planner를 쓰기 시작했으니까 그때부터는 공무원 업무수첩과 프랭클린 planner 2가지를 모두 사용했다.

    공무원 업무수첩에는 주로 업무와 관련된 내용을 기록했고, 프랭클린 planner에는 주로 사적인 내용을 기록했다. 하지만 프랭클린 planner에 일일계획을 세우고 결과를 확인하도록 구성되어 있어서 일일계획에는 공무가 되었든 사적인 일이 되었든 모두를 기록했다. 아침에는 하루 동안 해야 하는 일을 모두 기록하고 중요도에 따라 A, B, C, D로 구분했고, 우선순위는 1, 2, 3, 4, 5, 6 순서로 번호를 매겼다.

하루에 할 일 중 중요하고 반드시 해야 하는 일은 우선순위에 따라 A1, A2, A3 …순서를 정하고, 가능하면 오늘 마쳐야 하는 것은 B1, B2, B3…순서를 정하고, 오늘 시간이 있으면 하고 시간이 없으면 나중에 해도 되는 일은 C1, C2, C3…로 순서를 정했다. 그리고 나중에 언젠가 해야 할 일은 D로 정하여 매일 이행 여부를 확인하여 매일 점검했다.

의미	표기 방법
이행 완료 된 것	✔
진행 중인 것	●
취소된 것	✕
연기된 것	→
누구에게 위임한 것	이름을 기재

매일 일일계획을 수립하고 이행 여부를 확인하면서 중요한 일을 먼저 하려고 했다. D로 분류된 일이라고 하더라도 계획

을 세우며 해야 할 일이라고 기재한 것은 머릿속에서는 할 일이라 생각하게 되기 때문에 미리 준비할 수도 있어 더 좋은 결과물을 얻을 수도 있었다. 계획만 세우고 이행 여부를 확인하지 않으려면 계획을 세울 필요가 없다. 중요한 것을 먼저 하면서 내가 하고 싶은 일을 했다. 불필요한 시간을 줄이기 위해서는 계획을 세우는 것도 중요하지만 이행 여부도 반드시 확인해야 한다. 어쩌다 이루지 못한 것은 이행 여부를 점검하면서 완수할 때도 있었다.

공무원 업무수첩에는 주로 직무와 관련된 내용을 기재하는데 월간계획, 일일 업무를 추진하며 관련 내용을 기재하는 공간, 업무추진과 관련한 현황자료를 모아두는 공간, 개선해야 할 내용이 발견되면 기재하는 공간, 각종 통계자료를 정리하는 공간으로 구분하여 정리했다. 업무수첩이 지급되면 가장 먼저 뒤쪽에 일정 부분을 업무 추진하면서 필요한 현황자료, 개선해야 할 내용, 각종 통계관리 공간을 라벨을 붙여 구분하여 배정한다.

일일 업무추진 내용을 기재하면서도 나중에 필요할 것만 기록하려고 했다. 일일 추진내용을 적는 난에는 업무추진과 관련된 사항을 비교적 상세하게 기재하면서 나중에 필요하다고 판단되는 자료는 스크랩하여 수첩에 붙여 놓기도 했다. 일일 업무추진 내용을 정리하여 기록하다가 월말에는 그달에 추진한 내용을 요약하여 정리해 놨다. 근무평정서에 추진실적을 기록하면서 6개월 동안 추진한 업무를 요약하여 기재해야 하는데 다른 직원들은 작성하는 데 시간이 오래 걸리는 데 나는 매월 추진한 일을 요약하여 정리하다 보니 금방 작성할 수 있었다.

매월 업무 추진한 것을 요약하여 정리하다 보면 업무가 계획대로 추진되고 있는지를 쉽게 파악할 수 있어서 좋다. 매월 추진한 것을 요약하여 정리하는 것은 법령에서 정해진 것도 아니고, 꼭 해야 하는 것도 아니다. 그렇지만 한 달 동안 해왔던 것은 추진현황을 정확하게 파악하는 데 도움이 된다. 다음 달에 어떻게 추진해야 할지 방향을 설정하는 데도 도움이 된다.

업무 추진하면서 문제가 생기거나 개선해야 하는 사항들이 보이면 개선사항을 기재하는 공간에 기재한다. 기재하면서 여유 공간을 남겨 추가로 생각나는 것을 적을 수 있도록 했다. 개선해야 할 내용이 지금 근무하고 있는 부서의 일이면 직접 개선하고 다른 부서의 일이면 제안으로 제출했다. 제안하여 채택되면 처리부서에서는 일이 생기니까 제안대상이 아니라고 거절하는 경우가 많다. 제안했던 것이 개선되지 않으면 계속 다음 해 업무수첩에 옮겨 적었다가 다시 제안한다. 제안사항이 아니라고 회신했던 것 중에도 나중에 보면 개선되는 경우가 종종 있었다.

업무를 추진하면서 수시로 봐야 하는 통계자료들이 있다. 수시로 활용하는 통계자료들은 현재 시점의 자료로 정리되어 있으면 좋다. 그래서 나는 매월 문서를 공람하면서 내가 관리하는 통계자료는 현재 시점에 맞게 수정하여 보관한다. 그러다 보니 언제 보더라도 현재 시점의 자료가 정리되어 있다. 업무수첩만 꺼내서 펼쳐보면 언제나 필요한 자료 활용이 가능하도록 했다.

인구수나 자동차등록 대수 등은 매월 담당 부서에서 모든 부서로 변동사항을 통보해준다. 그러다 보니 매월 통계자료가 변하게 된다. 담당 부서에서 통보 오는 자료는 공문을 공람하면서 변경된 자료를 수정하여 보관한다. 그리고 근무하는 부서의 자료는 결재하면서 자료를 수정하여 항상 현재 시점의 자료를 갖고 있으니까 필요시에는 열어보기만 하면 된다.

어떤 부서장은 자신이 가진 자료를 수정하지 않고 수시로 필요할 때마다 직원들에게 자료를 요구한다. 직원으로서는 하던 일을 중단하고 상사가 요구하는 일을 해야 하니까 짜증이 날 수밖에 없다. 하지만, 그때그때 메모해 두면 필요할 때 언제든지 활용할 수 있다. 메모하는 이유는 미래에 활용하기 위해서다. 현재 시점의 자료가 아닌 것은 그대로 사용할 수 없다. 미래에 필요한 자료가 되기 위해서는 자료가 정리되어 있어야 한다.

💡 미래에 필요한 메모는 어떤 것인가? ───────

1. 다시 볼 필요가 있는 메모
2. 언제 보더라도 무슨 내용인지 알 수 있는 메모
3. 기록으로서의 가치가 있는 메모
4. 정리해 두면 가치가 높은 메모
5. 업무나 삶에 도움이 되는 메모
6. 조직원들이 공유할 수 있는 내용
7. 글의 소재가 되는 메모

아무리 열심히 메모해도 나중에 도움이 되지 않는 내용이라면 아무 필요가 없다. 미래에 필요한 메모가 되기 위해서는 언제라도 사용이 가능한 내용이어야 한다. 내용이 변경되는 경우에는 그 때마다 수정해야 한다. 부하직원이나 다른 사람의 힘을 빌리지 말고 근무하는 부서의 자료는 결재하면서 수정하고, 다른 부서에서 통보 오는 자료는 공람하면서 수정해라.

수시로 메모해야 하거나 참고해야 하는 자료는 별도로 구분하여 메모하는 것이 편하다. 라벨을 붙여 구분하여 놓으면 필요할 때나 수정할 때 활용하기 편하다. 펼쳐보기만 하면 되니까 불필요한 시간 낭비를 줄일 수 있다. 정리가 잘 되어 있는 자료는 필요할 때 맞는 자료인지 아닌지 걱정할 필요가 없다.

메모는 미래에 유용하게 쓰일 가능성이 있는 아이디어를 사라지지 않게 하는 도구다. 기억에 의존하려고 하다가 유용한 아이디어를 살리지 못하는 일이 없도록 하려면 미래에 필요한 메모를 해야 한다.

꿈의 노트는
꿈을 이뤄주는 도구다

　사람들에게는 저마다 꿈이 있다. 꿈이 없다고 하는 사람들도 뭔가 하고 싶은 것은 있을 것이다. 존 고다드는 15살에 127개의 꿈의 목록을 작성하고 이를 실천했다. 존 고다드는 자신이 작성한 127개의 꿈 중 111개를 이루었다고 한다. 존 고다드의 꿈의 목록을 살펴보면 쉽게 이룰 수 있는 것도 있지만, 이런 것이 가능할까 의문이 드는 것도 있다. 그렇지만 존 고다드는 꿈꿨던 것 중에 111개를 이루었다.

　많은 사람이 메모 수첩을 사용하면서 꿈의 목록을 적어놓기보다는 그냥 월간계획에 일정만 기록하는 사람들이 있다. 그냥 월간계획표에 일정만 나열해 놓지 말고 사용하고 있는 수첩 맨 앞에 꿈의 목록을 적어 놓고 매일 읽으며 마음을 다져보자. 그리고 1년 목표를 적어보자. 꿈이 없다면 하고 싶은 일이라도 적어보자. 그리고 매일 수첩을 쓰기 전에 읽어보고 마음을 다져보자.

현재 내 꿈의 목록에는 32가지 꿈이 기록되어 있다. 매일 일일계획을 수립하기 전에 꿈의 목록을 읽어본다. 내 꿈의 목록에 있는 것 중에 이미 이루어진 것도 있지만, 이루지 못한 것도 있다. 존 고다드도 16개의 꿈을 이루지 못했듯이 내 꿈이 모두 이루어지지 않을 수도 있다. 하지만 매일 나의 꿈을 읽어본다. 올해 내가 하고 싶은 목표를 읽어보면서 꿈에 한발 다가가고 있고, 1년 목표를 모두 달성하려고 최선을 다한다. 어떤 꿈은 쉽게 이룰 수 있지만 어떤 꿈은 오랜 시간이 걸려야 이룰 수 있는 것이 있고, 어떤 꿈은 아무리 노력해도 평생 이루기 어려운 꿈이 있다.

꿈의 목록을 기록해 놓고 매일 일과를 시작하기 전에 읽어보며 꿈을 이루기 위한 다짐을 한다면 꿈에 한 걸음씩 다가가는 데 도움이 된다. 금방 이룰 수 없는 꿈을 매일 바라본다고 꿈이 이루어지겠느냐고 생각할지 모르지만, 꿈을 꾸고 매일 보고 있다는 것만으로도 꿈이 이루어질 확률이 높아진다.

꿈 중에는 어느 순간 갑자기 이루어지는 것도 있지만, 꾸준히 노력해도 이루어지지 않는 것도 있다. 오랜 시간이 걸리는 꿈이라고 한다면 1년에 달성할 수 있을 만큼 조금씩 나누어 한 걸음 한 걸음 꿈에 다가가는 방법도 있다. 예를 들어 세계 일주 여행이 꿈이라면 어느 날 갑자기 여행을 떠날 수 없다.

여행 정보도 수집해야 하고, 여행계획도 짜야 하고, 여행경비도 마련해야 한다.

여행하는데 들어가는 비용이 많은 돈이 필요하다면 10년 계획을 세워 1년에 일정 금액의 돈을 모아야 하고 인터넷이나 관련 도서를 보면서 여행 정보를 꼼꼼하게 수집해야 한다. 그 꿈을 이루기 위해서 매년 해야 할 일을 1년 목표로 세우는 것이 필요하다. 1년 목표를 달성하다가 10년이 되는 해에 여행을 떠나면 된다.

인생을 살아가면서 1년에 1가지씩이라도 하고 싶은 것을 이루어 간다면 평생 많은 것을 이룰 수 있다. 평생 이루고 싶은 꿈의 목록과는 별도로 1년에 달성할 수 있는 일을 1년 목표로 잡아보라고 권하고 싶다. 1년 안에 실현이 가능한 것을 1년 목표 목록에 기재하고 달성해보라.

지인에게 내가 프랭클린 planner를 20년 이상 사용하고 있다고 했더니 자신은 멀리 있는 꿈보다 1년에 10가지 목표를 정해 놓고 10가지 목표를 달성하기 위해서 최선을 다한다고 했다. 연말에 가면 어떤 해에는 10가지 중 1가지 정도가 달성되지 못하는 경우가 있지만, 대부분 10가지 목표를 모두 달성한다고 한다. 참 좋은 아이디어라는 생각이 들었다. 나도 몇 년 전부터 1년에 15가지를 1년 동안 해야 할 목표로 정해

놓고 수첩의 맨 앞에 붙여 놓고 매일 일과를 시작하기 전에 읽어보며 마음을 다졌다. 매일 읽어보며 최선을 다했더니 15가지 목표가 달성되었다.

꿈 중에는 평생 이룰 수 없는 것도 있지만, 1년 목표는 1년에 달성이 가능한 것을 목표로 정하고 최선을 다해 노력하면 목표했던 것을 모두 달성할 가능성이 크다. 목표를 정하지 않고 1년을 보내는 것과 목표를 정하고 목표를 달성하는 것을 느끼며 사는 것은 다르다. 매일 목표를 바라보면서 목표를 달성하려고 노력하고, 목표를 달성하는 맛을 느끼며 사는 것과 그렇지 못한 삶은 다를 수밖에 없다.

1년에 10가지 목표를 달성한다면 10가지만큼 변화되는 것이다. 10년이면 100가지 목표가 달성되는 것이다. 목표를 정해 놓고 살아가는 사람은 설사 목표를 달성하지 못하더라도 목표를 향해서 노력한 만큼은 변화되는 것이다. 목표를 정하지 않는 것보다 목표를 정하는 것이 필요하다. 목표를 정하고 매일 계획을 세우기 전에 꿈의 목록을 읽어보고, 1년 목표를 읽으며 마음을 다지며 최선을 다해야 한다.

1년에 많은 것이 변하지는 않더라도 10년이면 분명 변화되는 것을 느낄 수 있다. 아이가 기어 다니다가 어느 날 일어서서 걷는 것처럼 어느 날 성장해 있는 것을 보게 될 것이다. 매일 보는 사람은 아이들이 자라는 모습을 잘 느끼지 못할 수 있지만, 오랜만에 보는 사람은 성장한 모습을 금방 느낄 수 있다. 당장은 성장하는 모습이 느껴지지 않을지 모르지만 10년, 20년 후에는 성장해 있는 모습을 보게 될 것이다.

하버드대학교에서 한 교수가 학생들에게 꿈의 목록을 기재하라고 했다. 학생 중에는 자신의 꿈을 진지하게 많이 적은 학생이 있고, 그냥 장난으로 억지로 적은 학생이 있었다. 교수가 20년 후 학생들이 어떻게 살고 있는지 추적하여 조사했더니 자신의 꿈을 진지하게 성의껏 작성한 학생들은 모두 성공해 잘살고 있었지만, 그냥 장난으로 억지로 적은 학생은 보잘것 없는 삶을 살고 있었다고 한다.

꿈의 목록을 진지하게 적어보는 것이 꿈을 이루는 시작이다. 그것이 최소한 꿈에 대한 예의다. 그 정도의 예의도 갖추지 않고 꿈이 이루어지기를 바라지 말라. 꿈을 이루기 위해서는 꿈의 목록을 적어야 한다. 꿈의 목록을 적거나 1년 목표를 정할 때 진지하고 정성껏 작성해야 한다. 간단한 메모 하나도 진지하고 신중하게 작성하다 보면 자신의 인생이 달라진다. 매일 바라보며 마음을 다지면 꿈이 이루어진다.

월간계획에 일정을 가득 채우고 눈코 뜰 새 없이 바쁘게 살아간다고 인생이 바뀌는 것이 아니다. 월간계획서를 사용한다고 월간계획서에 작성된 일정이 모두 반드시 해야 하는 것도 아니고, 목표라고 보기 어렵다. 눈코 뜰 새 없이 바쁘게 살아간다고 목표가 달성되는 것이 아니라 목표를 가지고 목표를 향해 전진하는 사람에게만 목표가 달성되는 것이다.

하고 싶은 일을 하며 살고 싶다면 꿈의 목록을 만들고 1년 계획을 잘 세우는 것이 필요하다. 꿈이 이루어지게 하려고 매년 조금씩 준비해야 하는 것처럼 1년 계획을 달성하기 위해서는 매월 해야 할 일들이 무엇인지 파악하며 매월 해야 할 일을 마쳐야 한다.

1년 계획은 오래 걸리는 꿈에 한 발 더 다가가기 위한 설계서라고 할 수 있다. 1년 목표를 세우는 것은 1년만큼 다가가기 위해 계획하는 것이다. 설계서가 잘 작성되어 있어야 멋진 작품이 만들어지는 것이다. 꿈에 한발 한발 다가가다가 보면 꿈은 이루어지게 되어 있다.

자신의 꿈이 기록된 꿈의 노트는 꿈을 이뤄주는 도구다. 어릴 때부터 꿈의 노트를 기록한 것이 아니라 플래너를 쓰면서 나의 꿈을 기록하기 시작했고, 매일 꿈의 목록을 읽어보기 시작했다. 내가 젊었을 때부터 꿈을 기록하고 꿈을 관리했더라면 내 삶이 달라졌을 수 있다. 너무 늦게 내 꿈을 기록하고 관리하기 시작한 것이 후회되어 딸들에게는 좀 더 일찍 자신의

IT시대에도 기록은 필요하다

54

꿈의 목록을 작성하고 자신의 꿈을 키워가게 하려고 꿈의 노트를 설날 선물로 줬다.

꿈이 있다고 꿈이 이루어지는 것은 아니다. 꿈을 달성하는 기쁨을 누리려면 꿈의 목록을 기록해야 하고 매일 꿈의 목록을 바라보면서 꿈을 이루려고 최선을 다해 노력해야 한다. 꿈을 달성하려고 노력하는 사람만 꿈을 이루는 경험을 할 수 있고, 꿈을 달성했다는 기쁨을 누릴 수 있다.

메모는
삶을 바꾸는 도구다

급하게 기록해야 하는데 수첩이나 종이가 없을 때는 아무 종이나 찾다가 그마저도 없으면 손바닥에 메모할 때가 있다. 그렇게라도 적는다는 것은 나중에 꼭 필요할 것이라고 생각되기 때문이다. 기록하는 것이 미래에 필요가 없다면 기록할 필요가 없다. 미래에 도움을 받기 위해 쓰는 메모라면 미래에 도움이 되도록 써야 한다. 메모한 것 중에 한 번 보고 버려야 할 것도 있고, 다른 수첩에 옮겨 적어 오랫동안 간직해야 할 것도 있다.

언젠가 업무수첩을 나누어주면서 케이스를 재사용할 수 있는 수첩을 지급했다. 해가 바뀌면 속지는 버리고 케이스는 재활용하겠다는 것이다. 다음 해에는 케이스는 지급하지 않고 속지만 지급했다. 지난해에 지급한 케이스에 끼워서 사용하라는 것이다. 지난해에 기록했던 중요한 내용이 기록되어 있는 속지는 버리라는 것이다. 지난해에 기록은 과거니까 과거는 필요 없다는 것이다. 참으로 황당한 일이 아닐 수 없다.

그래서 시청에서 지급해주는 속지를 버려 버리고 문방구에 가서 1년 동안 사용할 수 있는 노트를 한 권 샀다. 나는 공직 생활 하면서 기록했던 업무수첩을 버리지 않고 모두 보관하고 있다. 속지뿐만 아니라 필요한 자료도 스크랩을 하거나 복사하여 수첩에 붙이기도 했다. 새로 지급한 속지를 바인더에 끼우려고 지난 1년 동안 기재한 기록을 버릴 수가 없었다. 거기에는 지난 1년 동안 내 삶의 기록이 있고, 내가 한 일이 기록되어 있고, 내가 하고 싶은 일들이 기록되어 있다. 수첩을 사용하는 사람 중에 기록은 하면서도 기록한 것을 다시 보지 않는 사람이 있고, 기록한 것을 보관하면서 필요할 때 보는 사람이 있다.

언젠가 자서전을 쓰면서 참고하려고 그동안 기록했던 업무수첩을 꺼내서 읽어 보았다. 그런데 오래전에 기록했던 내용을 읽어보면서 그때 내가 무엇을 했었는지, 무슨 생각을 하며 적었는지 정확하게 알 수가 없는 부분이 있었다. 내가 남긴 기록이지만, 쓰면서도 생각 없이 썼고 미래에 도움이 되지 않는 기록을 남겼기 때문이다. 미래가 없다 보니 내가 무엇을 했는지, 무엇을 해야 할지가 기록된 것이 아니라 윗사람이 한 이야기나 회의 때 나왔던 이야기를 받아 적어 놓은 수준이었다.

기록하는 내용 중에 다시 볼 필요가 없는 내용이라면 기록을 남길 필요가 없다. 한 번을 보더라도 다시 볼 필요가 있는 기록이어야 가치가 있는 것이다. 도움이 되지 않는 이야기를 적어 놓으면 다시 볼 필요가 없다. 공직생활 하는 사람 중에 업무수첩을 보관하고 있는 사람은 드물다. 해가 바뀌고 새로운 수첩이 지급되면 전년도에 기록했던 수첩을 버려 버리는 사람이 많다. 업무수첩을 기록할 때 미래에 도움이 되지 않는 기록을 남겼기 때문이다.

공직생활을 막 시작했을 때 어떤 선배공무원이 업무수첩에 쓸데없는 것을 기록하지 말라고 했다. 나중에 문제가 될 수 있다는 것이다. 어떤 선배 공직자는 경찰이나 검찰에서 수사가 시작되면 업무수첩이나 명함부터 버리라고 했다. 업무수첩에 기록된 내용이 문제가 된다며 버리라고 하는 사람은 떳떳하지 못한 삶을 살아왔다는 얘기다. 그런 사람은 업무수첩을 자신의 삶을 바꾸는 도구로 활용하지 않고 있다는 것이다.

수첩에 기록하는 이유는 나중에 도움을 받기 위해서 기록하는 것이다. 미래에 내 삶에 보탬이 되게 하려고 기록하는 것이다. 기록한 것이 나의 발목을 잡을 수 있다는 것은 기록했기 때문에 잘못된 것이 아니라 내가 잘못된 삶을 살고 있다는 것이다. 언제 어디서 누가 보더라도 부끄러움이 없는 삶을 살아야 한다. 그러한 삶을 살아가며 기록하는 기록은 내 삶에 보탬이 되었으면 되었지 해가 되지는 않을 것이다.

언젠가 검찰 조사를 받을 때가 있었다. 다른 사람들은 업무수첩에 적힌 내용 때문에 화를 입을까 봐 업무수첩이나 메모한 것을 버리는데 나는 업무수첩을 가지고 검찰에 갔다. 검사가 질문하면 수첩을 꺼내보면서 답변을 하니까 검사가 그 업무수첩을 보여줄 수 있느냐고 하여 보여줬다. 검사가 업무수첩을 한참 동안 살펴보더니 그냥 돌아가라는 것이었다. 이렇게 사시는 분이 나쁜 짓을 했을 리가 없다는 것이다.

업무수첩에 기록하였다고 해서 자신에게 화가 미치는 삶을 산다면 그 삶이 잘못된 삶이다. 나는 매일 수첩을 기록하기 전에 먼저 '꿈의 목록, 삶의 지배 가치, 사명서'를 읽는다. 내가 잘못된 삶을 살아가지 않기 위해서다. 부끄럽지 않은 삶을 살기 위해서다. 내일이 오늘과 다른 삶이 되기 위해서다.

매일 기록하는 메모가 내 삶을 컨트롤하게 만드는 도구로 만들어야 한다. 잘못된 삶을 인식하게 하여 잘못되게 살지 않도록 도와준다. 언젠가 인터넷 바둑에 빠져 시간을 낭비할 때가 있었다. 일기를 쓰지 않을 때는 저녁에 컴퓨터에 앉으면 아침까지 컴퓨터 앞에 앉아 있을 때가 있었다. 계속해서 몇 판을 이기면 급수가 올라가고, 지면 급수가 내려간다. 바둑에서 이기고 싶은 승부욕 때문에 이기려고 계속 두었고, 이겨서 급수를 높이려고 계속 두었다.

다음날 몸이 너무 피곤해서 해야 할 일을 제대로 할 수 없었다. 몸도 망가지고, 마음도 망가져 가고 있었다. 한잠도 자지 못하고 출근해서 일하면서 졸아야 했다. 하지만 일기를 쓰면서 거기서 빠져나올 수 있었다.

·ᄋ·· 미래를 위한 기록은 어떤 기록인가? ───────

1. 미래에 필요한 기록
2. 꿈을 이루기 위한 기록
3. 목표를 달성하기 위한 기록
4. 좋은 습관을 만드는 기록
5. 자신의 삶을 지켜주는 기록

일기를 쓰면 나쁜 습관을 없애거나 줄일 수 있다. 나쁜 습관을 줄이는 것은 망가지지 않게 할지는 몰라도 미래를 준비하는 데는 부족하다. 일기를 쓰면서 하루를 반성하고 내일이 오늘과 다른 삶을 살아갈 수 있는 방향을 제시하는 도구로 활용한다면 당장은 느껴지지 않을지 모르지만, 분명 변화된 삶을 살게 된다. 좋은 습관을 하나씩 늘려나간다면 10년, 20년 후에는 성공된 삶을 살아가게 될 것이다.

일기가 되었든 아니면 수첩에 기록하는 메모가 되었든 미래에 보탬이 되는 글을 써나가려는 노력이 필요하다. 다시는 들춰보지 않는 기록이 아니라 수시로 들춰보고 싶은 내용을 기록하는 것이 필요하다. 자신을 해치는 기록이 아니라 자신을 보호해주는 기록이 되게 하라. 기록하면서 잘못된 것을 고치는 도구로 활용해 보라. 오늘보다 나은 내일이 되게 하는 기록을 남겨보자.

미래를 준비하는 기록은 기록하는 것이 중요한 것이 아니라 무엇을 어떻게 기록하느냐가 중요하다. 수첩에 50년을 하루도 빠지지 않고 기록해도 다시는 들춰보지 않을 내용을 적으면 삶이 바뀌지 않는다. 오랫동안 기록했다고 삶이 변하는 것이 아니라 미래에 필요한 기록이냐 아니냐가 중요하다. 기왕에 적는 거라면 인생에 보탬이 되는 기록이 되도록 남기자.

수첩에 기록하면 기록하면서 자신의 삶이 올바른 방향으로 가도록 이끌게 된다. 그러므로 부끄러운 행동을 줄이게 되어 있다. 무의식적으로 떳떳하게 살아가도록 방향을 잡아준다. 어떠한 유혹이 온다고 해도 물리칠 수 있다. 메모하면 삶이 바뀌고, 목표가 달성되고, 꿈이 달성된다. 메모하고 메모한 것을 수시로 보면서 자신의 삶을 바꿔봐라.

여덟 번째

일기는
자신을 지켜주는 도구다

　자신의 삶을 되돌아보며 살아가는 사람이 얼마나 될까? 그냥 살아 있으니까 그날그날을 살아간다고 말하는 사람들이 있다. 어떤 사람은 오직 앞만 바라보고 살아간다고 말하는 사람이 있다. 계속해서 일기를 쓰는 사람이 많지 않다. 나도 초등학교 때 일기 쓰기 숙제가 있을 때 억지로 쓰다가 한동안 일기를 쓰지 않았다. 40대가 되어서야 다시 일기를 쓰기 시작했다. 그러다 보니 젊었을 때는 삶을 되돌아볼 기회가 별로 없었다.

　솔직하지 않은 사람이라도 죽어가는 순간에는 솔직해진다고 한다. 죽어가면서 많은 사람이 자신이 하고 싶었던 일을 하지 못한 것을 후회한다. 사람들은 어영부영 살아가면서도 다른 사람들에게는 최선을 다하고 있다고 말하는 사람이 있다. 평상시 자신의 삶을 되돌아보며 살면 일생을 마치는 날 후회 없이 떠날 수 있을까? 일기를 쓰면 자신의 삶을 되돌아볼 수밖에 없다. 오늘 하루 내가 하고 싶은 일을 했는지 돌아볼 수 있다.

무심코 던진 말 한마디로 다른 사람에게 상처를 주었음에 도 왜 상처를 받느냐고 하는 사람이 있다. 상처를 주고도 상 처를 준 줄 모르는 것이다. 나에게는 아무렇지도 않은 말이 다 른 사람에게는 상처가 될 수 있다는 사실을 모르는 것이다. 아 마 누군가로부터 상처를 한 번도 받아보지 않은 사람은 없을 것이다. 상대방은 상처를 주려고 하지 않은 말이라고 하는데 내게는 가시가 되어 따갑게 느껴지고, 가슴이 아픈 것을 어쩌 겠나. 무심코 하는 말, 무심코 하는 행동 하나를 고치려면 일 기를 쓰면서 자신을 되돌아보는 시간을 갖는 것이 좋다.

아침에 일일계획을 수립하고 저녁에 하루 동안 계획을 이 행했는지 점검하며 사는 사람과 계획을 세우지 않고 저녁에 하루를 돌아보는 사람이 있다. 하루를 돌아보지 않는 사람보 다 하루를 돌아보는 것이 좋지만, 계획을 세우지 않고 하루를 돌아보는 것보다 계획을 세우고 하루를 돌아보는 것이 더 좋 다. 자기성찰의 도구로 가장 좋은 것이 일기다. 일기는 자기 자신과 진지하게 대화할 수 있는 아주 좋은 도구다.

일기는 남에게 보여주기 위해서 쓰는 것이 아니어서 자신 과 솔직해질 수 있다. 자신을 속이지 말고 하루를 어떻게 살 것인지 계획해볼 수 있고, 무엇을 하며 살았는지 되돌아볼 수 있다. 일기를 쓰면 하루를 살면서 잘한 것이 무엇이고 잘못한 것은 무엇인지를 스스로 되돌아볼 수 있다. 내일은 어떻게 살아갈 것인지 다짐도 할 수 있다.

나는 지난 20여 년 동안 일기를 쓰면서 잘못된 습관을 고칠수 있었다. 나도 모르게 인터넷 바둑에 빠져 밤을 새우고 시간을 낭비하면서 몸과 마음이 망가져 가는 것을 적으면서 마음이 아팠다. 내 의지가 이렇게 약한가 하는 생각이 들기도 했다. 내일은 그러지 말아야지 하면서도 다음 날 일기를 쓸 때 또, 다시 인터넷 바둑에 시간을 보낸 것을 적어야 했고, 내가 이렇게 의지가 약한 사람인가 하는 생각이 들었다.

일기를 쓰면서도 인터넷 바둑에서 바로 빠져나오지 못하고 프로그램을 설치했다가 삭제하기를 반복하다가 빠져 나 올수 있었다. 아마 그때 일기를 쓰지 않았다면 오랫동안 인터넷 바둑에 빠져 밤을 새우는 일이 많았을 것이다. 나는 너무 늦게 일기를 쓰기 시작했다. 더 일찍부터 일기를 쓰기 시작했다면 지금과 다른 삶을 살고 있을 것이다.

인생이 한순간에 망가지기는 쉽다. 주변에서 도박이나 경마에 빠져 집을 날리고 직장을 날리는 사람을 종종 본다. 누군가가 말려도 듣지 않는다. 말리는 사람과 갈등을 가질 뿐 자신의 잘못된 행동을 고치려고 하지 않는다. 일기 쓰며 자신을 진지하게 되돌아보고 잘못된 행동을 고치려고 노력하면 잠깐 방황하는 일이 있을지는 몰라도 인생이 망가지지는 않을 것이다.

일기를 쓰면서 하루에 1가지 이상 좋은 일을 하면서 살아가자며 일일계획을 세우면서 오늘 해야 할 일 목록에 '1가지 이상 좋은 일하기'를 넣기 시작했다. 저녁에 오늘 계획했던 것을 이행했는지 점검하면서 오늘 내가 좋은 일한 것이 무엇인지 생각나지 않을 때가 있었다. 이래서는 안 되겠다는 생각이 들어서 했는지 안 했는지 체크만 할 것이 아니라 남을 위해서 무슨 일을 했는지 구체적으로 적어보기로 했다.

남을 위해서 좋은 일 한 것을 구체적으로 기록하기 시작하니까 아주 작은 것이라도 찾아서 실천하게 되었다. 어떤 날은 말 한마디로 다른 사람의 기분을 좋게 해줬고, 어떤 날은 봉사활동을 찾아서 하기도 했다. 큰 것만 한 것으로 기록하다 보면 기록할 것이 없다는 생각이 들 수 있다. 아주 작은 것도 기록하다 보니 하루에 5가지 이상 좋은 일을 할 때도 있었다. 작은 일이지만 기록할 것이 없을 때 보다 기록할 것이 있을 때가 좋았다.

나쁜 습관을 고치는 것이나 좋은 습관을 만드는 것이 마음

먹는다고 쉽게 행동으로 옮겨지는 것이 아니다. 오늘 하루 나쁜 습관을 하지 않기 위해서 무슨 노력을 했는지를 구체적으로 적기 시작하면 나쁜 습관이 조금씩 줄어들게 된다. 다소 시간이 걸릴지는 모르지만 나쁜 습관을 고칠 수 있다. 하루 이틀 만에 좋은 습관이 만들어지지 않는다. 매일 좋은 습관을 만들기 위해서 무슨 노력을 했는지 구체적으로 기재해야 좋은 습관을 만들 수 있다.

하루아침에 인생이 달라지지는 않지만, 꾸준하게 매일 일기를 쓰며 스스로 성찰하면 자신의 삶을 지켜준다. 줄이고 싶은 것을 줄이기 위해서, 늘리고 싶은 것을 늘리기 위해서, 무슨 노력을 했는지 구체적으로 기록해야 한다. 그냥 두루뭉술하게 써서는 안 된다. 구체적으로 기재해야 나쁜 습관이 줄어들고 좋은 습관이 늘어난다.

저녁에만 기록하다 보면 잘 생각나지 않을 수 있다. 일 할 때마다 무슨 일을 했는지 메모해야 한다. 스마트 폰에도 메모 기능이 있다. 스마트 폰에라도 적으라고 하면 나는 전화를 걸고 받기만 한다고 핑계를 대는 사람이 있다. 핑계 대지 말고 필요한 기능을 배워서 활용해라. 주변에 누군가는 기능을 알고 있는 사람이 있을 것이다. 기능을 모르면 물어보고 배워라.

일기를 쓸 때는 구체적으로 기재하여 자신의 나쁜 습관이 고쳐지고 있다는 것이나 성취의 맛을 느끼는 것을 눈으로 보게 해야 하고, 머리로 느끼게 해야 한다. 눈으로 보고 머리로 느끼면 나도 모르게 의식하게 되고, 의식하면서 고치려고 하게 된다. 그러다 보면 나중에는 기록하지 않아도 무의식적으로 행동하게 되고 습관이 된다.

일기는 누구에게 보여주기 위해서 쓰는 것이 아니다. 다른 사람들에게 보여주는 것이라면 숨기고 싶은 것은 쓰고 싶지 않다. 남에게 보여주는 것이 아니라면 솔직하게 기록할 수 있다. 자신의 행동을 바꾸는데 일기만큼 좋은 도구는 없다. 종이에 기록하면 누군가가 볼 수 있다는 생각이 들면 컴퓨터를 사용할 수 있다.

사실 일기에 쓴 내용 중 부끄러워 공개하지 못할 내용이 있을까 하는 생각이 든다. 자기성찰의 도구로 사용하고 있는 일기를 쓰면 떳떳한 삶을 살아가려고 노력하게 된다. 일기를 충실하게 쓰는 사람이 부끄러운 삶을 살아갈 리 없고, 부끄러운 삶을 살아가지 않는 사람에게 부끄러움이나 비밀이 있을 수 없다.

그렇다고 일기를 공개하라는 것은 아니다. 아무리 떳떳한 삶이라고 하더라도 누군가가 들여다보면 솔직하게 쓰기 어렵다. 다만 남이 볼까 봐 쓰지 못하겠다는 핑계를 대지 말라고 하고 싶다. 남이 보는 것이 싫으면 컴퓨터를 사용하면 되고 외장 하드에 저장하면 된다.

💡 미래를 위한 기록은 어떤 기록인가? ───────────

1. 큰일이든 작은 일이든 구체적으로 적어라.

나쁜 습관을 줄이기 위해서 무슨 노력을 했고, 좋은 습관을 만들기 위해서 무슨 노력을 했는지 구체적으로 적어야 바뀌고 있다는 것을 눈으로 보게 되고, 머리로 생각하게 된다. 매일 반복하다 보면 습관이 되어 기록하지 않아도 무의식적으로 하게 된다.

2. 솔직하게 기재하는 것이 필요하다.

자기성찰을 위해서는 자신이 한 말이나 행동을 솔직하게 되돌아봐야 한다. 솔직해야만 자기성찰이 일어난다. 일기는 다른 사람에게 보여주기 위한 것이 아니라 자기성찰을 위한 도구다.

아홉 번째
메모습관은
뜻밖의 선물을 준다

습관이 되면 자신도 모르게 한다. 생각하지 않아도, 하겠다고 하지 않았는데도 무의식적으로 하게 된다. 우리가 가진 습관 중에는 살아가는 데 도움이 되는 좋은 습관도 있고 도움이 되지 않는 나쁜 습관도 있다.

군에서 신병으로 들어갈 때 선임병으로부터 괴롭힘을 당하면서 자신이 선임병이 되면 후임병을 절대로 괴롭히지 않겠다고 다짐하지만, 후임병을 괴롭히지 않겠다고 다짐했던 신병이 선임병이 되면 후임병을 더 괴롭히고 더 힘들게 한다는 말이 있다. 괴롭힘을 당하면서 무의식적으로 각인된 것이 후임병을 괴롭히는데 사용하는 것이다.

나쁜 습관에 빠지기는 쉽지만, 좋은 습관을 하나 만들기는 쉽지 않다. 게임이나 인터넷 바둑에 중독되면 밥 먹는 것도 잊어버린다. 밥을 먹으라고 해도 그 말이 귀에 들어오지 않는다. 게임을 하다 보면 이기고 싶고, 조금만 노력하면 이길 것 같은 생각이 든다. 그러다가 한 급이 올라갈 때까지 하겠다는 마음이 생긴다. 이길 것 같은데 이기지 못하니까 자꾸 하고 싶어진다. 나쁜 습관은 빠져들기는 쉽지만 거기서 빠져나오기는 아주 힘들다. 일기를 쓰면 유혹에서 빠져나올 수 있다.

반대로 좋은 습관 하나를 만들기는 정말 어렵다. 습관이 되더라도 유지해나가기가 쉽지 않다. 메모하는 습관은 좋은 습관이다. 여성들은 핸드백을 가지고 다니니까 조그마한 메모지와 필기구 하나 정도는 가지고 다닐 수 있다. 하지만 남성들은 조그마한 가방을 가지고 다니는 사람도 드물다. 겨울철에는 주머니가 있으니까 그런대로 괜찮은데 여름철에는 주머니가 없어 넣어 다니기가 힘들다.

다행히 요즈음에는 누구나 스마트 폰을 가지고 다닌다. 메모 할 수 있는 앱을 활용하면 언제 어디서나 메모가 가능하다. 스마트 폰을 가지고 전화 걸고 받기, 문자 보내고 받기, 카메라로 사진을 촬영하기, 카톡하기 정도의 기능만 활용하는 사람들이 있다. 스마트 폰 메모 관련 앱을 활용하면 필기구가 없어도 언제나 메모할 수도 있다. 노트 기능을 가진 스마트 폰을 활용하여 메모할 수도 있다.

메모하는 습관을 만들어봐라. 메모하면 아이디어가 내 것이 된다. 많은 관광객이 관광지에 가면 경치를 감상하기보다 먼저 사진부터 찍는다. 지금은 디지털카메라가 대세이지만 내가 어릴 때는 종이로 인화하는 사진밖에 없었다. 학교에 다니면서 친구들과 찍은 사진, 결혼하면서 촬영한 사진이 앨범에 10권이 넘게 있지만, 그 사진을 다시 꺼내보는 경우는 거의 없다. 꺼내보더라도 어디에 갔을 때 촬영한 사진인지 생각나지 않는다.

나는 여행하면서 수첩과 필기구를 가지고 다니며 메모한다. 해외여행을 하면서 메모하니까 가이드가 친구에게 저분은 뭐를 저렇게 적느냐고 물었다고 한다. 내가 자꾸 적으니까 부담스러웠던 모양이다. 여행 다니면서 사진을 촬영하지만 조금 지나면 어디인지 생각나지 않는다. 그래서 여행할 때 가능하면 자세하게 메모했다가 집에 와서 여행 소감을 적어서 기록해 둔다.

오래전에 해외여행을 다녀와서 여행기를 기록했지만, 여행기를 읽어 보면서도 그때의 추억이 되살려지지 않는 경우가 있다. 그 기록이 그때를 되살릴 수 있도록 작성되지 않았기 때문이다. 사진을 보관하면서 여행 국가만 기록했지 그 사진이 어떤 장면인지에 관한 설명이 없다 보니 이게 어떤 장면인지 생각나지 않는 경우가 있다. 기록은 오랜 세월이 지나도 그 기록이 어떤 내용인지 알 수 있도록 기록해야 한다.

나는 그렇게 기록했던 것은 업무를 추진하며 직접 개선하거나 아이디어로 제시하기도 했다. 그래서 그런지 직원들이 나를 아이디어맨이라고 하는 직원이 있었다. 사실 나는 아이디어맨이 아니다. 다만 업무를 추진하거나 생활하다가 개선하면 좋을 것 같은 것은 메모하는 습관이 있다. 메모한 것을 필요할 때 제안하기도 하고 업무에 적용할 뿐이다.

제안하여 수차례 상을 받기도 했고 부상으로 해외여행을 다녀오기도 했다. 1개월 이상 야근해야 하는 도로점용료 부과 업무를 3일 이내에 처리할 수 있도록 개선하여 업무처리 시간을 크게 줄이고, 수십억 원의 세외수입을 확보하기도 했다. 때로는 직원들과 함께 아이디어를 나누며 업무를 개선하기도 했다.

내가 준 아이디어로 제안하여 1등 한 직원은 좋아했고, 업무도 개선했다. 하나의 예로 대형폐기물을 내놓을 때는 대형폐기물에 대형폐기물스티커를 사서 붙이게 되어 있다. 하지만, 수수료를 내지 않으려고 자기가 내놓은 대형폐기물에 붙이려고 떼어가는 사람이 있다. 그러다 보니 대형폐기물과 관련하여 민원이 제기되고 민원인과 갈등이 많았다. 직원이 전화를 받으며 힘들어하는 모습을 보고 직원에게 대형폐기물스티커에 칼집을 내는 것을 제안하고 실행해보라고 했다.

제안이 채택되어 상도 받고 부상으로 상금도 100만 원을 받았다. 그뿐 아니라 제안을 실행했더니 전화로 힘들게 하던 민원도 사라졌다. 대형폐기물스티커에 칼집을 냈더니 대형폐기물에 부착된 대형폐기물스티커가 뜯어지지 않고 찢어지니까 떼어갈 수 없다. 떼어가지 못하니까 더는 민원에 시달리지 않아도 되었다.

나는 평소 살아가면서 내가 했던 일, 업무에 적용하면 도움이 될 것 같은 일들을 메모해서 정리해 두는 습관이 있다. 언제 어디서든지 글을 쓰는데 소재가 될 만한 내용은 제목만이라도 메모를 한다. 글로 써야 할 것은 시간이 날 때 정리하여 외장 하드에 저장하고 종이로 되어 있는 것은 파일에 넣어 보관하고 있다.

공직생활을 마치며 자서전을 써서 후배 직원들에게 나눠줬다. 책을 읽어 본 직원들이 '동장님은 기억력이 좋으신가 봐요'했다. 내가 아무리 기억력이 좋다고 하더라도 오래전에 있었던 일을 숫자까지 정확하게 기억하기는 어렵다. 모두가 수첩에 메모하고, 수첩을 업무를 개선하는데 활용했기 때문에 가능한 일이었다.

한 번은 누군가로부터 내가 금품을 받았다는 제보가 있다며 경찰서에 가서 조사를 받았던 적이 있었다. 평소 내가 쓰

던 업무수첩을 가지고 갔다. 0000년 0월 00일 내게 금품을
줬다고 하여 해명해야 했는데 며칠 지나지 않은 일이라도 날
짜까지 기억하기는 어렵다. 그 날 무슨 일을 했느냐고 물으면
기억하기 어렵다. 업무수첩을 펴서 살펴보니까 내가 돈을 받
았다고 하는 날 해외연수 중이라 국내에 없었던 날이다. 그래
서 그때 나는 해외연수 중이라며 수첩을 보여줬던 적이 있다.

　기록하지 않으면 오래되지 않은 일도 기억하기 어렵다. 아
무리 기억력이 좋은 사람이라고 하더라도 구체적인 날짜까지
기억하기는 쉽지 않다. 메모라는 것이 아무것도 아니라고 생
각할지 모르지만, 때로는 메모가 사람의 운명을 바꿀 수도 있
다. 메모해야 하는데 수첩이 없을 때는 아무 종이에라도 쓸 때
도 있다. 아주 급할 때는 손바닥에 적을 때도 있다.

　메모한 것이 한 번만 쓰고 말 것도 있지만, 아주 중요한 내용
이라서 오랫동안 간직해야 하는 것도 있다. 메모한 것을 수첩
에 옮겨 정리해 놓으면 필요할 때 언제든지 다시 사용할 수도
있다. 때로는 증거물이 되어 자신을 지켜주는 도구가 되기도
하고, 때로는 아이디어가 되어 좋은 성과를 거둘 수도 있다.

1.　순간적으로 떠오르는 생각도 메모하라.
2.　일기 쓰며 자신이 올바르게 살고 있는지 되돌아봐라.

3. 버려야 할 습관이 있는지 살펴봐라.

4. 쓸데없이 시간을 낭비하고 있지 않은지 살펴봐라.

5. 메모와 일기를 되짚어 보면서 나쁜 습관을 버리고 좋은 습관을 만
   들어라.

10년 후에는 기록하기 잘했다는 생각이 들 것이다.

머리보다
손으로
생각하라

기억력을 믿지 말고
메모하라

가끔 '네 기억이 맞다. 내 기억이 맞다.' 서로 자신의 주장이 맞는다며 끝까지 자신의 주장을 굽히지 않을 때가 있다. 오래 전에 함께 근무하던 선배가 있었는데 그 선배는 자신이 틀리는 것도 끝까지 맞다고 주장하기로 소문이 났다. 그 선배의 말이 사실이 아니라는 것을 인정받기 위해서는 증거물을 제시해야 한다. 증거를 눈앞에 내밀면 "언제 바뀌었지."해버린다.

언젠가 그 선배랑 바둑을 둘 일이 있었다. 이기면 한 점을 올리고, 지면 한 점을 내리기로 했다. 저녁도 먹지 않고 바둑을 두기 시작했는데 내가 3점을 깔고 바둑이 시작되었다. 이기고 지기를 반복하다가 맞두고 내가 이겼다. 맞두어 내가 이겨 선배가 흑을 잡고 내가 백을 잡아야 하는데 그 선배는 이번에 내가 2점을 깔았다고 우기며 이번이 맞둘 차례라는 것이었다. 우겨봐야 결판나지 않을 것 같아서 백 돌 한 개와 흑 돌 한 개를 손이 닿지 않을 정도의 거리에 두고 "이번에는 맞두는 것입니다."하고 바둑을 뒀던 적이 있다.

서로 자기의 기억이 맞는다고 주장할 때 증거물이 없으면 결판나지 않는다. 얼마 전 홍콩 여행 중 교회 십자가를 보고 홍콩도 중국 땅인데 교회가 있는 것이 이상하여 중국에는 교회가 없는데 홍콩에는 교회가 있는 것이 의아하다 얘기했더니 다른 사람들이 중국에 교회가 있다고 주장했다. 내가 몰래 예배를 드리는 지하교회는 있지만, 십자가를 걸어 놓은 교회는 없다고 했으나 다들 아니라고 했다. 중국에 여러 번 여행을 갔었는데 분명히 봤다는 것이다.

서울에 가지 않은 사람이 서울 갔던 사람을 이긴다고 중국에 가서 봤다고 주장하는데 더 주장하기가 어려웠다. 일행 중한 명이 스마트폰으로 검색하더니 내가 주장하는 것이 맞는다고 하여 일단락이 되었던 적이 있다. 거짓말을 하려고 하지 않더라도 머리에 잘못된 기억이 저장되어 있을 수 있다. 우리가 기억하는 것이 반드시 맞다고 보기 어렵다.

몇 년 전에 국외여행을 갔다 왔는데 그때 몇 월에 갔었는지 잘 생각나지 않는다. 몇 월 며칠이냐고 묻는 것이 아니라 몇 월에 갔었느냐고 물으면 몇 월인지 뿐만 아니라 봄이었는지 가을이었는지도 생각나지 않을 때가 있다.

독일 심리학자 에빙하우스의 '망각의 곡선'을 보면 시간이 지나면서 그 기억력이 떨어지는 것을 볼 수 있다.

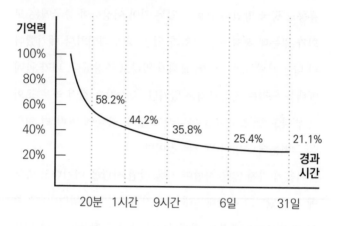

경과 시간에 따른 기억력

현대사회에서는 무수히 많은 정보에 접하지만 모두 머릿속에 저장할 수는 없다. 우리 머릿속에 저장할 수 있는 정보의 용량은 한정되어 있고, 오랜 시간 보존할 수도 없다. 무수히 많은 정보가 내 것이 되게 하려면 메모해야 한다. 메모하라고 하면 자기는 머리에 메모한다며 적지 않는 사람이 있다. 기억력을 자만하지 마라. 누구나 한 번쯤은 기억에 의존하다가 낭패를 겪었던 적이 있을 것이다.

기억력이 아무리 좋은 사람이라도 기억력에는 한계가 있다. 특히 좋은 아이디어는 순간 왔다가 순간 나가버린다. 뭔가 좋은 생각이 떠올랐었는데 금방 생각나지 않을 때가 있다. 좋은 아이디어가 순간 날아가 버린 것이다. 바로 메모하면 아이디어가 내 것이 되지만 메모하지 않으면 떠나버린다. 한번 떠나버린 아이디어는 아무리 생각해내려고 해도 생각나지 않는다.

머릿속에 기억하고 있는 정보는 잊어버릴 수도 있고, 왜곡되어 저장될 수도 있다. 중국에 교회 십자가가 없음에도 머릿속에서는 십자가를 본 것으로 기억하고 있는 것처럼 말이다. 본 것을 보지 못했다고 기억할 수 있고, 들었는데 듣지 못했다고 기억할 수도 있다. 말한 사람의 의도와 달리 듣는 사람이 전혀 다르게 기억하는 때도 있다. 듣는 사람은 자기가 듣고 싶은 대로 듣기 때문이다.

머릿속에 기억하고 있는 것은 기억나지 않을 수도 있고, 사실과 다르게 기억할 수도 있다. 메모한 것을 다시 보면서 잘못된 기억을 바로 잡을 수 있다. 메모하다 보면 메모하면서 눈으로 보게 되고, 머리로 기억하게 된다. 우리의 머리는 말로만 들었을 때 보다 귀로 듣고, 손으로 쓰고, 눈으로 보면 더 오래 기억할 수 있다.

기억에 의존하려고 하지 말고 메모하라는 것이다. 나는 메모한 것은 컴퓨터에 입력하여 외장 하드에 저장한다. 외장 하드에 저장하면서 찾아서 보기 쉽게 분류하여 저장한다. 분명 저장했는데도 아무리 찾아도 보이지 않으면 'Ctrl + F'하여 생각나는 단어로 검색한다. 이렇게 하면 조금 시간은 걸리지만 필요한 자료를 금방 찾을 수 있다.

기억에만 의존하다가 낭패당하지 말고 메모해보자. 메모하면 기억나지 않아 고민할 필요도, 스트레스를 받을 필요도 없다. 너무 많은 정보를 머리에 넣으려고 하지 말고 메모하고 잊어버리자. 메모한 것을 머릿속에 넣으려고 하면 스트레스만 받게 된다. 메모하고, 메모한 것을 자주 보면 외우려고 하지 않아도 오랫동안 기억 속에 남는다.

머리에 기억하고 있는 것은 시간이 지나면서 점차 잊히지만, 메모는 오랫동안 보존된다. 머릿속에 남아 있는 기억은 사라지지만 메모는 사라지지 않는다. 필요할 때 언제든지 꺼내서 볼 수 있다. 필요할 때는 본인뿐만 아니라 다른 사람들도 볼 수 있다. 기억력에 의존하지 말고 메모에 의존해라.

메모하는 1분이
인생을 바꾼다

　메모하는 사람의 삶과 메모하지 않는 사람의 삶은 다르다. 메모하는 사람은 중요한 것을 먼저 하게 되는데 메모하지 않는 사람은 급한 것을 먼저 하게 되기 때문이다. 중요한 것이 무엇인지를 아는 것과 모르는 것은 차이가 크다. 중요한 것이 무엇인지를 모르면 급한 것을 먼저 하게 되면서 중요한 것을 놓치게 된다. 하지만 메모하면 중요한 것이 무엇인지 알게 되어 중요한 것을 먼저 하게 된다.

　메모하면 자기가 하고 싶은 일이 무엇인지 인지하게 되기 때문에 하고 싶은 일을 할 수 있지만 메모하지 않으면 눈에 보이는 것, 급한 것이 중요한 일이라 생각하게 되고 그것을 쫓아가게 된다. 자기가 하고 싶은 일을 하면서 사는 것이 행복이다. 자기가 하고 싶은 일을 하려면 자기가 하고 싶은 것을 기록해야 한다. 자기가 하고 싶은 것을 하면서 살고 싶으면 급한 것을 쫓는 버릇을 버려야 한다.

급한 것을 먼저 하던 사람이 급한 것보다 중요한 것을 먼저 하려면 불안해질지 모른다. 급한 것을 하지 않으면 무슨 일이 생길지 모른다는 생각이 들기 때문이다. 불안해서 중요한 것을 하지 못하고 급한 것을 먼저 하게 된다. 그러나 급한 것을 먼저 하는 삶을 살다가는 자기가 하고 싶은 것을 영원히 하지 못할지 모른다.

일하는 데는 순서가 중요하다. 메모하면 어떤 일을 먼저 해야 하는지 알게 된다. 일의 순서가 뒤바뀌면 헝클어진다. 헝클어지면 본인은 물론 조직이 힘들어진다. 바둑을 둘 때 순서가 바뀌면 대마가 죽는다. 이겼던 바둑이 한순간에 대패하게 된다. 같은 일을 하더라도 일의 순서만 지켜도 일을 잘한다는 소리를 듣는다. 순서를 지키면 문제가 풀리는데 순서를 바꾸면 일이 꼬인다.

메모하는데 많은 시간이 걸리는 것이 아니다. 그럼에도 불구하고 사람들은 메모하지 않는다. 살아가면서 일일계획을 세우고 하루를 되돌아보는 것이 도움이 된다는 것을 모르고 있다. 매일 똑같은 일이 반복되는데 무슨 계획이 필요 하느냐고 한다. 메모가 인생의 방향을 바꿔준다는 것을 알지 못한다. 점진적인 변화가 인생의 방향을 바꾼다는 것을 무시한다.

메모하는 데 1분도 걸리지 않는다. 1분은 아주 짧은 시간이다. 그러나 그 1분을 어떻게 사용하느냐에 따라 20년 후의 삶은 전혀 다른 삶을 살게 된다. 1분이 10번이면 10분이다. 하루에는 10분이지만 1년이면 3,650분이다. 3,650분은 60.8시간이다. 1일을 8시간으로 계산하면 하루에 1분씩 10번을 아껴 쓰면 1년이면 7.6일이 생긴다. 10년이면 76일, 20년이면 152일, 30년이 지나면 228일이다.

1분은 아주 짧은 시간이지만 1분을 어떻게 활용하느냐에 따라 인생이 바뀐다. 메모하느냐 하지 않느냐가 전혀 다른 삶을 살게 한다. 메모하는 1분을 어떻게 사용하느냐에 따라 인생이 달라진다. 메모하면 급한 것을 먼저 하는 것이 아니라 중요한 것을 먼저 하게 된다. 메모하면서 불필요한 시간의 낭비를 줄여준다. 하루에 1시간씩 한번을 내기는 힘들어도 하루에 1분씩은 10번이 아니라 20번도 만들 수 있다. 짬을 이용하려고 마음만 먹으면 1분은 얼마든지 낼 수 있다. 메모하다 보면 관찰하게 되고 좋은 아이디어가 떠오른다. 아이디어를 활용할 수 있다.

어떤 회사에서 매일 가루를 반죽해야 하는 일이 있었다. 가루를 반죽하는데 큰 통에 물을 가득 받아 놓고 가루를 넣으면서 반죽하는데 가루가 물에 잘 풀어지지 않아 늘 애를 먹었고 가루를 반죽하는데 엄청난 시간이 걸렸다. 그 회사에서는 오랫동안 그 방법을 써왔고, 누구도 다른 방법을 생각하지 못했다. 당연히 가루를 반죽하려면 물에 가루를 넣어 풀어야 하는 것으로만 생각해왔다. 반죽하는 일은 시간이 오래 걸리는 일이라고 생각했고 그것은 당연한 것으로 생각했다. 아무도 방법을 바꾸려고 하지 않았고 기존에 해오던 방식으로 일을 진행해 왔던 것이다.

한 직원이 집에서 어머니가 칼국수를 만들면서 밀가루를 반죽하는 것을 보니까 물에 밀가루를 타는 것이 아니라 밀가루에 물을 조금씩 부으며 반죽하는 것을 봤다. 메모했다가 회사에 와서 방법을 바꿔 가루에 물을 부으며 반죽을 해보니 힘도 덜 들고 일하는 시간도 크게 단축하여 생산성이 크게 올라갔다. 회사에서 생산성을 크게 향상했다고 많은 성과급도 받았다.

다른 사람은 전임자가 하는 것을 따라 해야 한다고 생각했지만, 메모하는 사람은 늘 더 좋은 방법이 없는지 생각하고 관찰한다. 일하면서도 생각하고, 출근하면서도 생각하고, 퇴근하면서도 생각하게 된다. 걸어가거나 자동차를 타고 가거나 늘 무의식적으로 무엇인가를 생각한다. 무엇을 보거나 메모한 것을 해결할 방법을 찾으려고 한다. 메모하는 사람은 좋은 생각이 떠오르면 즉시 메모한다. 일하면서 불편한 것이 있으면 개선하려고 한다.

많은 사람이 관행을 따르려고 하지만 메모하는 사람은 문제가 있거나 개선해야 한다는 생각이 드는 것이 있으면 메모하게 되고 더 좋은 방법이 있는지 찾는다. 일을 편하게 할 수 있는 방법, 성과를 올릴 방법, 시간을 단축할 방법을 찾으려고 한다. 끊임없이 새로운 방법을 찾고 개선하려고 한다. 메모하는 사람은 보통사람이 보지 못하는 것을 본다.

메모하는 사람은 문제가 있다는 것을 인지하거나 좋은 아이디어가 생각나면 바로 메모한다. 메모하는 데는 채 1분도 걸리지 않는다. 그렇지만 메모하는 순간 문제를 해결하겠다는 생각이나 좋은 아이디어를 실행하겠다는 생각이 머릿속에 저장된다. 머릿속에 저장되어야 문제를 해결하고, 좋은 아이디어를 실행할 수 있다.

내가 청소 관련 업무를 담당하고 있을 때는 다른 지방으로 여행하거나 국외여행을 하면서도 나도 모르게 청소업무와 관련된 분야를 관찰하게 된다. 거리가 깨끗한지 살펴보게 되고 하다못해 환경미화원이 가지고 다니는 청소도구는 어떤 것을 사용하고 있는지 유심히 살피게 된다. 쓰레기를 어떻게 관리하는지에 관심을 갖게 된다. 그러다가 업무를 개선하는 데 도움이 될 것 같은 것이 발견되면 즉시 메모하고 사진을 촬영했다.

메모하는 사람에게는 자신도 모르게 관찰하는 버릇이 생긴다. 관찰하면서 다른 사람이 보지 못하는 것을 찾아내는 능력이 생긴다. 똑같은 것을 보면서도 다른 시각에서 보려고 한다. 관행을 따르기보다 새로운 것을 찾으려고 한다. 메모하는 사람은 무엇을 보든지 그냥 지나치지 못하고 뭔가를 찾아낸다. 업무와 관련이 없는 것에서도 무언가를 찾아 업무를 개선한다.

메모하는 사람의 삶은 갑자기 바뀌는 것은 아니다. 그러다 보니 변화하는 것이 느껴지지 않을지 모르지만, 분명 점진적으로 변화된다. 변화하는 모습이 느껴지지 않고, 금방 눈에 보이지는 않더라도 메모하는 생활을 꾸준히 이어가면 인생이 바뀌게 되어 있다. 메모하는 습관은 자신도 모르게 삶을 바꾸어 나간다. 메모하면 불필요하게 시간을 낭비하지 않고 자기가 하고 싶은 일을 할 수 있게 된다.

메모하는 것이 중요한 이유는 잘못된 길을 가고 있을 때 금방 알 수 있기 때문이다. 자신이 잘못된 삶을 살고 있다는 것을 알면 거기서 빠져나올 수 있다. 메모하면 메모한 것이 머릿속에 저장되어 무의식적으로 의식하게 된다. 하고 싶은 것을 하면서 살고 싶으면 하고 싶은 것이 무엇인지 메모하라. 메모하면 잘못된 유혹에 빠지지 않게 되고 하고 싶은 것을 하면서 살 수 있게 된다.

머리보다
손으로 생각하라

　많은 사람이 메모지와 필기구를 가지고 다니지 않는다. 겨울철에는 주머니가 있어서 메모지를 넣을 곳이 있지만, 여름철에는 넣을 곳이 마땅하지 않다. 여성들은 핸드백을 가지고 다니지만, 대부분 남성은 가방을 가지고 다니지 않는다. 메모지를 가지고 다니지는 않더라도 남성이 되었든 여성이 되었든 현대인들은 누구나 스마트폰을 가지고 다닌다.

　평소 메모하는 습관이 있는 나는 외출할 때 작은 가방을 가지고 다니는 경우가 많다. 핸드백에는 책 한 권, 수첩과 필기구가 들어 있다. 여성들은 평소 핸드백을 가지고 다니는 것이 습관화되었지만, 남성들은 습관화되지 않아 어쩌다 가방을 가지고 나갔다가 놓고 가는 경우가 있다. 평소 습관이 되지 않아서다.

　요즈음은 메모 기능이 있는 앱이 많이 있다. 스마트폰으로 메모하려면 메모 앱을 이용하거나 노트 기능이 있는 스마트

폰을 사용할 수도 있다. 스마트폰을 활용하면 사진을 촬영할 수도 있고, 필요할 때는 동영상을 촬영할 수도 있고, 녹음도 할 수도 있다. 요즈음은 누구나 스마트 폰을 가지고 있어 마음만 먹으면 메모지와 펜이 없어도 메모할 수 있다.

스마트폰을 활용하라고 해도 많은 사람이 이러한 기능을 활용하지 않는다. 어떤 사람은 스마트폰에 앱을 설치하여 메모하라고 하면 자신은 기능을 잘 모른다고 한다. 기능을 배워서 메모하려고 하는 것이 아니라 메모하지 않으려고 핑계를 댄다. 최신형 스마트 폰을 사용하면서 기능을 배우려고 하지 않는다. 주변에 있는 사람에게 물어보면 금방 배울 수 있는데도 말이다.

스마트 폰 앱을 설치하고 사용법을 배우라고 하면 이 나이에 그런 기능을 배워서 뭐 하느냐고 하며 배우려고 하지 않는다. 인터넷에 떠돌아다니는 90세 노인의 수기에 보면 60세에 정년퇴직하면서 이제는 다 살았다고 생각했고, 남은 인생은 덤이라고 생각했다. 그러면서 어영부영 살다 보니 90세가 되었다. 90세에 인생을 돌아보니 덧없고 희망이 없는 삶을 30년이나 살아왔다고 했다.

90세에 30년은 자신이 살아온 인생의 3분의 1이다. 퇴직할 때 30년을 더 살 것으로 생각했더라면, 이렇게 살지 않았을 것이라고 했다. 지금 90세이지만 앞으로 내가 얼마를 살지 모른다. 남은 시간에 어학 공부를 시작하겠다고 했다. 이제 우리나라 사람의 평균수명이 81.8세다. 정년퇴직했으니까 이제 아무것도 하지 않겠다고 할 것이 아니라 하고 싶은 것을 하면서 살아야 한다. 노년이라고 핑계 대지 말고 하고 싶은 것을 하면서 살자. 내일 죽는다고 하더라도 오늘 해야 할 일은 해야 한다.

주민들에게 불편한 사항이 발견되면 개선을 요구하고, 자신이 요구한 사항이 개선되는 것을 보면서 즐거워하고 있다. 컴맹이었지만 컴퓨터를 배워 뭔가를 할 수 있다는 것이 행복하고 즐겁다고 했다. 지금은 70세가 넘었지만, 지금까지도 주부 모니터 요원으로 활동하고 있는데 내게 그때 주부 모니터 요원으로 위촉해 줘서 인생을 재미있게 살고 있다며 고맙다고 했다.

지금부터라도 핸드백에 메모할 수 있는 메모지와 필기구를 가지고 다니면서 메모를 해보자. 핸드백을 가지고 다니는 것이 싫으면 스마트 폰에 있는 메모 기능을 배워 사용해 보자. 나이 핑계를 대지 마라. 기능을 모른다고 핑계 대지 말자. 눈에 노화가 와서 보이지 않는다고 핑계를 대지 말자. 기능을 모른다고 핑계 대지 말고 기능을 배우자. 요즘 의학이 발달하여 시력을 교정하면 얼마든지 볼 수 있다. 마음만 먹으면 얼마든지 할 수 있다. 하려고 하는 자세가 중요한 것이다.

머리로 기억하는 것은 한계가 있다. 수많은 정보를 머리에 저장하려면 머리가 터지고 말 것이다. 금방 들었던 말도 생각나지 않아 낭패를 보는 경우가 있다. 머리에 의존하려고 하지 말고 메모하는 습관을 만들어라. 메모지가 없다고 핑계 대지 마라. 지금은 누구나 스마트폰을 가지고 있다. 스마트폰에는 여러 가지 메모 기능이 있다. 모른다고 핑계 대지 말고 배워라.

머릿속에 기억하고 있는 것은 시간이 지나가면 잊히지만, 메모한 것은 사라지지 않는다. 메모하고 메모를 펼쳐 놓고 생각하면 더 좋은 생각이 떠오르기도 하고, 잊었던 생각이 떠오르기도 한다. 귀찮아도 메모하는 습관을 만들어 보자. 메모하면 생각나지 않는 것을 억지로 생각해내려고 고민하지 않아도 된다. 생각나지 않는다고 스트레스를 받지 않아도 된다.

기억력이 좋다고 자만하지 마라. 앞서 말한 '망각의 곡선'에서 보는 것처럼 시간이 지나면 사람의 기억력은 줄어들게 되어 있다. 꼭 기억해야 하는 것이라며 잊어버리지 않으려고 몇 번씩 외워보지만, 막상 필요해서 생각해내려고 하면 생각나지 않을 때가 있다.

그냥 머리로 기억하는 것보다 손으로 쓰면 더 잘 기억된다. 생각나지 않으면 내가 적어놨던 것을 찾아보면 된다. 다시 찾아보면 더 오랫동안 기억에 남는다. 메모하는 것은 더 오래 기억하는 데 도움이 된다. 책을 읽더라도 그냥 읽기만 한 것 보다 읽으면서 종이에 적는 사람들이 더 잘 기억한다고 한다. 메모를 보면 메모한 것만 생각나는 것이 아니라 그 당시 상황이 뚜렷하게 기억난다.

메모하지 않는 이유가 학교 교육 때문이라는 생각이 든다. 방학 때 일기 쓰기 숙제를 내주고 검사를 하니까 억지로 쓰면서 쓰는 것이 싫어졌는지 모른다. 일기를 숙제로 내주고 읽어 보니까 사실대로 쓰지 않게 된다. 쓰기 숙제를 내주면서 몇 번을 써오라고 하니까 쓰면서 손이 아픈데 왜 이런 숙제를 내주냐며 불평하게 되고 쓰는 것이 싫어진다.

딸이 고등학교에 다닐 때 학생들에게 책을 읽고 독후감을 써오라고 하는 숙제를 내주니까 한 학생이 책을 읽고 독후감을 쓰기 싫어서 누군가가 인터넷에 올려놓은 독후감을 복사하여 제출했다. 독후감의 내용도 읽어 보지 않고 숙제라니까 복사하여 억지로 제출한 것이다. 첫 문장에 아이를 둘 놓고 책을 읽었다는 내용이 들어 있었던 것을 몰랐던 것이다. 선생님에게 호되게 야단을 맞았지만 억지로 내주는 숙제는 의미가 없었고 오히려 쓰기를 싫어하게 만들기만 했다.

억지로 일기를 쓰라고 하면 일기 쓰기가 싫어진다. 억지로 메모하라고 하면 메모하기 싫어진다. 쓰는 방법을 알려주고,

쓰면서 뭔가를 느낄 수 있도록 도와주는 것이 필요하다. 어떻게 쓰면 도움이 되는지 알려주는 것이 필요하다. 억지로 시키는 것은 하기 싫어지지만, 자신이 하고 싶은 것은 하지 말라고 해도 몰래 라도 하고 싶어지는 것이다. 하기 싫어하게 만들지 말고 하고 싶게 만들어 주는 것이 필요하다.

나는 40대에 가서야 메모가 중요하다는 것을 알았다. 메모는 젊어서 시작하는 것이 살아가는데 더 많은 도움이 된다. 젊으니까 머리에만 의존하지 않고 일기 쓰기나 메모하기에 관심을 끌게 하는 것이 필요하다. 젊어서 메모를 시작해야 메모가 습관이 된다. 메모가 습관이 되어야 성공한다.

메모할 시간이 부족할 때는 핵심적인 내용이나 핵심적인 단어만 메모할 때도 있다. 한 참 시간이 지나면 핵심내용만 메모한 것을 다시 볼 때는 무슨 내용인지 생각나지 않을 때가 있다. 메모했더라도 빨리 시간을 내서 정리해놔야 언제 어디서 보더라도 무슨 내용인지 알 수 있다.

머리로만 기억하려고 하지 마라. 메모하면 눈으로 보게 된다. 눈으로 보다 보면 머리로 생각하지 못했던 것이 보인다. 기억하려고 노력하지 않아도 더 오랫동안 기억된다. 기억나지 않더라도 다시 메모를 들춰보면 생각나게 되고 더 오랫동안 머릿속에 남는다.

기억은 짧고
기록은 영원하다

　분명 방금 좋은 아이디어가 생각났었는데 메모하려고 다시 생각하려고 하는데 아무리 생각해도 생각나지 않을 때가 있다. 좋은 아이디어라는 생각이 들어 필기구를 찾아서 메모하려고 하다 보면 내가 뭐를 적으려고 했는지 생각나지 않을 때가 있다. 좋은 생각, 좋은 아이디어, 좋은 소재는 생각났을 때 바로 적어야지 조금 있다가 하자고 미뤘다가 다시 생각나지 않아 낭패를 보는 경우가 있다.

　나는 차를 운전하고 있을 때 좋은 생각이 나면 차를 잠깐 세우고 메모한다. 금방 세울 수 없는 상황일 때는 계속 소리 내어 말하다가 잠시 차를 세우고 적는다. 옆에 누군가가 타고 있으면 생각난 것을 적어 달라고 부탁하기도 한다. 글도 쓰고, 제안도 하다 보니 어떤 것은 글의 소재가 되고, 어떤 것은 뭔가를 개선할 수 있는 아이디어가 되기도 한다. 지금 당장은 필요하지 않은 것도 있다. 그렇지만 좋은 아이디어라는 생각이 들어 메모해 두면 필요할 때 메모한 것을 들춰보면서 사용한다.

순간 떠오른 아이디어가 내 것이 되게 하려면 즉시 메모해야 한다. 즉시 메모하지 않으면 언제 나갔는지도 모르게 나가버린다. 즉시 메모하기 위해서는 메모할 수 있는 도구가 항상 준비되어 있어야 한다. 종이나 필기구만 메모 도구가 아니다. 현대를 살아가는 사람은 누구나 필기구를 가지고 다닌다. 누구나 가지고 다니는 스마트폰이 바로 언제 어디서나 메모할 수 있는 도구다.

메모는 순간 떠오른 아이디어를 붙잡아 두는 좋은 도구다. 메모해놔도 시간이 지나면 왜 메모했는지 생각나지 않는다. 메모했더라도 활용하지 않으면 아무 소용이 없다. 아무리 시간이 지나더라도 보면 무슨 내용인지 알 수 있도록 정리되어 있어야 필요할 때 사용할 수 있다. 메모했더라도 다시 읽어 보고 정리해서 보관해야 한다. 순간 떠오른 아이디어를 메모해 놓고 다시 읽어 보지 않는다면 메모할 필요가 없다.

메모는 열심히 하지만 메모한 것을 한 번도 읽어 보지 않는 사람이 있다. 그렇게 메모해봐야 변하는 것도 없고 도움이 되는 것도 없다. 메모는 남을 위해서 하는 것이 아니고 누구에게 보여주기 위해서 하는 것이 아니다. 나중에 자신이 도움을 받기 위해서 쓰는 것이고, 자신을 위해서 쓰는 것이다. 글씨를 예쁘게 써야 하는 것이 아니라 알아보기만 하면 된다. 좋은 아이디어나 좋은 글의 소재를 날려버리지 않고 붙잡아 내 삶에 도움이 되게 하려고 쓰는 것이다.

레오나르도 다빈치 같은 천재도 평생 메모했다고 한다. 정약용도 책을 읽으며 중요한 내용, 좋은 생각을 메모했다. 업무를 보면서도 귀양살이하면서도 보고 느낀 것을 메모했다. 정약용은 책을 쓰면서 메모한 내용을 보고 실제 사례를 들어가며 저술한 목민심서는 오늘날까지 사랑받고 있는 청렴도서다. 성공하는 사람들은 대부분 메모광이었다고 한다. 업무의 달인들은 적고 또 적는다고 한다.

누구나 한번은 메모하지 않아서 낭패를 본 경험이 있을 것이다. 돈이 많은 지인이 사람들에게 돈을 빌려줬다. 어느 날 갑자기 식물인간이 되었다. 평소에 친하게 지냈던 사람이 찾아오지 않는다. 가족들은 어디엔가 차용증을 남겨놨을 것이라며 아무리 찾아도 찾을 수 없었다. 차용증은 그만두고 누구에게 얼마를 빌려줬다는 메모지도 한 장 남기지 않았다. 결국, 깨어나지 못하고 사망하자 그에게 돈을 빌린 사람이 돈을 빌린 적이 없다고 하여 한 푼도 받지 못하는 것을 봤다.

적는 것이 때로는 중요한 자료가 되고 증거자료가 된다. 적는 것은 습관이 되어야 한다. 일상생활을 하면서도 메모하면 도움이 되는 것들이 많다. 나는 두릅, 취나물, 고사리, 더덕, 산삼, 춘란 등을 채취하는 것을 좋아한다. 산에 갈 때마다 산행일지를 기록한다. 언제 어디로 갔었는지, 시기는 맞았는지, 거기에는 무슨 나물들이 자라고 있는지 자세하게 기록한다. 이러한 기록은 다음 해에 산행하는 데 참고가 된다.

메모하지 않는 사람들은 매일 같은 일을 반복하는데 메모할 것이 뭐가 있느냐고 한다. 하지만 메모하는 사람들은 메모할 것이 무수히 많다고 말한다. 직장생활하면서, 일상생활을 하면서, 여행하면서, TV를 보면서 메모해두면 도움이 되는 내용이 너무도 많다. 메모하는 사람은 같은 일을 하면서도 관찰하고 생각하면서 한다. 일상생활을 하거나 여행을 하거나 TV를 보면서도 좋은 아이디어가 떠오르면 메모한다.

직장 생활하는 사람에게 회사에서 메모하라고 업무수첩을 지급한다. 나는 생산직이고 현장에서 근무하는데 무슨 업무수첩이 필요하냐고 할지 모른다. 공직생활을 하면서 관리부서에도 근무해봤고, 사업부서에도 근무해봤다. 관리부서에 있을 때는 다른 부서의 자료를 취합하고 정리하는 일을 하지만, 사업부서에 근무할 때는 현장에서 근무할 때가 많다. 현장에서 일하다 보면 개선해야 하는 것도 보이고, 새로운 아이디어가 떠오를 때가 있다.

나는 관리부서에서는 느끼지 못했던 것들을 사업부서에 근무하면서 불편을 느끼는 것들을 개선해야겠다는 생각이 들면 메모해 두었다가 예산을 확보하여 개선했다. 내가 담당하는 업무는 직접 개선하고, 다른 부서의 일은 제안했는데 채택되어 표창과 함께 부상으로 해외여행을 다녀온 적도 있다. 현장에서 일하다 보면 개선할 것도 많고, 성과를 낼 수 있는 것들이 많이 보인다.

사람들이 계획을 세우면서 실행결과에 대해서는 점검하지 않는 경우가 있다. 결과를 기록하다 보면 성과가 오르고 있는지 성과가 떨어지고 있는지를 알 수 있다. 성과가 오르면 왜 오르는지 알 수 있고, 성과가 떨어지면 왜 떨어지는지를 알 수 있다. 성과가 떨어졌을 때는 성과를 올리는 방법을 찾게 된다.

우리가 쓰는 일기를 과거의 기록이라고 생각할지 모른다. 물론 주로 한 일을 쓰게 되니까 과거의 기록이라고 생각될지 모르지만, 미래에 도움이 되는 것이 많다. 인생을 살아가면서 무슨 일을 하면서 살았는지 되돌아보는 것이 도움이 될 때가 있다. 태어나서부터 현재까지 나이를 적어 놓고 무슨 일을 했는지 적어보는 시간을 가져봐라. 나이마다 나는 무슨 일을 했고 가족에게는 무슨 일이 있었고, 그 나이에 중요한 사건 사고는 어떤 것이 있었는지를 적어봐라.

일기를 쓰는 사람과 쓰지 않은 사람이 무슨 차이가 있느냐고 할지 모르지만, 분명 20년 후에는 전혀 다른 삶을 살고 있을 것이다. 1년 후의 삶은 차이가 없다고 느낄지 모르지만 20년 후의 삶은 차이가 있다는 것을 느낄 것이다. 자신은 느끼지 못할지 모르지만 다른 사람은 느낀다. 20년 후에 일기를 쓰지 않는 사람과 비교해 봐라. 분명 전혀 다른 삶을 살고 있을 것이다. 자신의 삶을 기록으로 남겨야 오늘과 내일이 다른 삶을 살 수 있다.

하루를 계획으로 시작하고 계획한 것을 이행했는지 점검하며 돌아보는 것으로 마무리하는 사람은 시간을 헛되이 보내지 않는다. 아무 할 일이 없으면 책이라도 읽으면서 뭔가를 배우고, 뭔가를 얻는다. 일기를 쓰면 매일 반복되는 일상 같지만 뭔가 다르게 살아간다.

메모하면
문제가 해결된다

태어나는 것은 순서가 있어도 죽는 날은 순서가 없다는 말이 있다. 하루도 사건·사고가 없는 날이 없다. 우리나라 사람의 평균수명이 81.8세라고 한다. 평균수명이 81.8세라고 해서 내가 81.8세까지 산다는 것은 아니다. 과학이 발달하고 의학이 발달해 평균수명이 늘어나는 것도 있지만 그만큼 위험요인도 많아졌다. 2016년 우리나라에서 교통사고사망자가 5,150명, 추락사가 2,603명, 화재로 인한 사망자가 300명이다. 우리는 언제 어떤 일로 사망할지 모른다.

어머니는 목 부위에 갑상선 암으로 항암치료를 받으시면서 입안이 헐어서 자녀들에게 하고 싶은 말이 있어도 할 수가 없었다. 어머니는 하고 싶은 말이 있어서 뭐라고 말씀하시는 데 우리가 전혀 알아들을 수가 없었다. 1개월 정도 항암치료를 받으시다가 돌아가셨다. 지금도 그때의 일이 생각난다. 항암치료에 동의해준 것이 후회되었다. 어머니가 마지막으로 자녀들에게 해주고 싶었던 이야기를 듣지 못하고 보내드려야 했기 때문이다.

젊은 직원이 건강검진을 받고 사무실에 와서 의자에 앉아 일하다가 일어났는데 그 직원의 엉덩이에 피가 묻은 것을 보고 말해주니까 급히 건강검진을 받았던 병원으로 갔더니 대장에 용종을 제거하다가 혈관을 잘못 건드려 과다출혈이 생겼다고 했고 그 직원은 그날 과다출혈로 사망했다. 아무도 건강검진을 받다가 죽을 것으로 생각하지 못했다.

병원에서 건강검진을 할 때 내시경을 하면서 용종이 발견되면 제거하는 것에 동의하라고 한다. 혹 그것이 문제가 되더라도 책임을 묻지 않겠다고 동의하라고 한다. 건강검진을 받으며 의례적인 절차라고만 생각했지 본인이 죽을 것으로 생각한 사람은 없을 것이다.

죽는 날을 알면 사랑하는 가족에게 하고 싶은 말을 할 수 있을 것이다. 그렇지만 어느 날 갑자기 죽으면서 사랑하는 가족에게 한마디도 못 할 때도 있다. 《살아 있는 날의 선택》의 저자 유호종은 '한평생 살면서 자기의 행복뿐만 아니라 주변 사람들의 행복도 중요하게 여기고 마음 써 온 사람이라면 당연히 자기가 죽은 후에도 남게 될 이들이 곤란에 빠지지 않고 잘 살아가게끔 방안을 모색해야 할 것'이라고 했다.

내가 오늘 죽는다고 하더라도 가족에게 남기고 싶은 이야기가 있으면 글로 적어놓으라고 권하고 싶다. 살아 있을 때, 의지를 갖고 뭔가 결정할 수 있을 때 사랑하는 가족에게 하고 싶은 이야기를 글로 적어서 보관하자. 지인 중에 남편이 노후에 살 집을 지으려고 친구들과 양평에 친구 명의로 땅을 샀는데 어느 날 갑자기 남편이 심장마비로 사망했다. 친구들은 남편이 투자하지 않았다고 주장하여 애를 먹었다.

아직 노년이 되지 않았는데 유언장을 쓰라고 하면 싫을지 모른다. 유언장을 써 놓으라고 하면 죽으라고 하는 것이냐며 기분 나쁘게 생각할 수도 있다. 하지만 자기가 세상에 살아서 선택할 수 있을 때 유언장을 남기는 것이 사랑하는 가족을 배려하는 마음이다. 유언장을 쓴다고 해서 바로 죽는 것이 아니다. 어느 날 갑자기 자기가 잘못되더라도 사랑하는 사람들에게 하고 싶은 이야기를 남길 수 있는 유일한 방법이다.

누구나 한 번쯤은 기록을 남기지 않아 낭패를 당한 경험이 있을 것이다. 기록을 남기는 것은 습관이 되어야 한다. 어떤 것은 기록하고 어떤 것은 기록하지 않는 것이 아니라 가능하면 모든 것을 기록해봐라. 그러면 '그때 기록해 놨더라면 좋았을 텐데….'라고 후회하는 일이 없을 것이다.

기록하는 사람은 부끄러운 삶을 살지 않는다. 일기에 자신의 부끄러운 삶을 기록하고 싶지 않다. 기록하면서 부끄럽게 살았다는 느낌을 받고 싶어 하지 않는다. 그러면서 부끄러운 삶을 살지 않으려고 노력하게 된다. 세상을 살아가면서 부끄러운 삶을 살고 싶지 않으면 기록해라. 메모하라. 일기를 쓰는 사람이나 자서전을 쓰는 사람은 자신의 부끄러운 삶이 기록되지 않게 하려고 노력하게 된다. 부끄러운 삶을 살지 않아 최선을 다해 살다 보면 행복한 삶을 살게 된다.

메모하면 후회가 줄어든다. 《살아있는 날의 선택》에 우리나라 사람들의 인생 성적표가 다음과 같다고 한다.

유아기	어린 시절	학창 시절	청년기	장년기	노년기	죽어감의 시기
100	94	95	92	97	93	32

죽어감의 시기에 점수가 가장 낮은 점수다. 사람들은 죽음 앞에서는 솔직해진다. 죽음을 앞둔 시점에 인생을 되돌아보면 만족스럽지 못하다는 것이다. 죽으면서 나는 행복하다고 느끼는 삶을 살기 위해서 메모하는 삶을 살아야 한다. 하고 싶은 일을 하면서 살아야지 죽어가는 시점에 후회가 줄어든다.

최근 모당 당원협의회 위원장이 내게 지방선거에 출마하라고 했다. 나는 전혀 그럴 생각이 없다고 했다. 지방선거에 당선되면 나 자신을 위한 삶을 사는 것이 아니라 다음에 다시 당선되기 위해서 조그마한 행사까지 쫓아다녀야 하고, 원하지 않는 술을 마셔야 하고, 아침 일찍부터 저녁 늦게까지 다른 사람들의 기분을 맞추기 위해서 살아야 하는데 나는 그렇게 살아가고 싶지 않다.

종종 정년퇴직한 사람이 다시 취업했다는 얘기를 듣는다. 취업하는 이유가 경제적인 어려움이 있어서 취업하는 것이 아니라 아무것도 하지 않으며 시간을 보내는 것이 너무 힘들기 때문이란다. 정년퇴직하고 할 일이 없으면 좋을 것 같지만, 할 일이 없이 시간을 보내는 것은 쉬운 일이 아니라 고통스러운 일이다. 직장에 다닐 때 퇴직 후에 할 일을 준비하지 않으면 퇴직 후에 힘든 날을 보낼 수밖에 없다.

그렇다고 취업하면 직장에 구속되는 삶을 살 수밖에 없다. 구속되면 자기가 하고 싶은 일을 자유롭게 할 수 없다. 나는 이제 구속된 삶을 살고 싶지 않다. 나는 내가 좋아하는 것을 하면서 살고 싶다. 내 꿈의 목록에는 다른 사람들의 기분을 맞추며 사는 것은 없다. 내 꿈 중에 이미 이루어진 꿈도 있지만, 아직 이루지 못한 꿈도 많다. 매일 나의 꿈을 바라보며 내가 하고 싶은 것을 하고 싶다.

남이 보기에 멋진 삶이 아니라 내가 보기에 멋진 삶을 살기 위해 메모하고, 일기를 쓰고, 책을 쓰며 살고 있다. 남이 내게 주는 상보다 내가 내게 주는 상이 더 가치가 있다. 내가 죽을 때 후회 없는 삶이 중요하다. 내 삶은 남에게 보여주기 위한 것이 아니다. 내가 행복하기 위해서 메모하는 것이고, 내가 하고 싶은 일을 하면서 살려고 메모하고 글을 쓴다.

일기를 쓰면 살아가면서 자신이 지금 제대로 살아가고 있는지를 되돌아보게 되고 앞으로 어떻게 살아야 하는지를 생각하게 된다. 하고 싶은 것이 무엇인지를 알게 하기에 하고 싶은 일을 할 수 있다. 메모하는 사람은 문제를 다른 시각으로 보기 때문에 문제가 생겨도 문제를 해결할 수 있는 길을 찾아낸다. 문제를 분석하면서 문제를 보는 방법이 달라진다.

여섯 번째

적으면 마음이
정리되고 편해진다

누구나 한번은 좋은 생각이 떠올랐는데 나중에 정리해야지 하다가 그냥 날려버린 경험이 있을 것이다. 적어놓겠다고 했다가 깜빡 잊고 기록하지 않았다가 나중에 필요할 때 아무리 기억해내려고 해도 기억나지 않을 때가 있다. 적어놓거나 파일에 보관해 놓으면 여기저기 찾지 않고 메모를 보거나 파일만 찾아보면 되는데 미루다가 낭패를 경험한 적이 있다.

오랫동안 일기를 써 온 나도 일기를 쓰다 보면 어떤 날은 어제 했던 일을 반복했다는 생각이 들 때가 있다. 어제와 똑같이 쓴다는 것은 의미가 없다는 생각이 들 때도 있었다. 오늘은 어제와 다른 날인데도 매일 같은 일이 반복되는 일상을 살고 있다는 생각이 들 때가 있다. 어제와 오늘이 같다는 생각이 들면 일기를 쓰고 싶지 않을 때가 있다. 매일 같은 얘기를 쓰기가 싫다. 그래서 어제와 다른 얘기를 쓰기 위해 다른 삶을 살려고 했다.

어제도 책을 읽었고, 오늘도 책을 읽었다고 해서 같은 삶을 산 것은 아니다. 어제 읽은 내용과 오늘 읽은 내용이 다를 수 있고, 같은 내용을 읽었다고 하더라도 느끼는 감정이 다를 수도 있다. 직장에 다니면서 어제와 전혀 다른 삶을 살기는 쉽지 않다. 같은 일을 했더라도 반복되는 삶을 살았다고 생각하지 말고 기록하면서 다른 삶을 살려고 노력하는 것이 필요하다. 일기를 어제와 다른 삶을 살게 하는 도구로 사용할 수도 있다.

아무 생각 없이 살다 보면 매일 같은 삶을 살기 쉽다. 매일 같은 삶을 살면 변화된 삶을 살기 어렵고 매일 같은 삶을 살고 있다는 생각이 들면 삶이 지루해진다. 변화된 삶을 살기 위해서는 아침에 일일계획을 세우며 변화된 삶을 살려고 노력해야 한다. 아침에 계획을 세우기 어렵다면 저녁에 일기를 쓰며 내일 무엇을 할 것인지 오늘과 다른 계획을 세워볼 수 있다. 내일은 오늘과 뭔가 다른 것을 해보자는 다짐을 해보자. 뭔가 다른 것을 하려고 하면 뭔가 다른 것을 찾을 수 있다. 너무 큰 것만 찾지 말고 아주 작은 것이라도 다른 것을 찾아보라.

나는 아침에 일일계획을 세우면서 '20쪽 이상 책 읽기'를 기록하고 저녁에 이행 여부를 점검하는 시간을 갖고 있다. 그냥 책을 읽었다고 쓰면 어제와 같은 일이 되지만, 책을 읽으며 느낀 느낌을 적으면 어제와 다를 수 있다. 어제와 오늘이 크게 달라지지는 않을 수 있다. 아주 미세하지만, 변화가 있는데 어제와 오늘이 같다고 느끼는 것이다. 아주 미세하게 변화하는 것을 무시하기 때문에 어제와 오늘이 같다고 생각하는 것이다. 아주 미세한 변화라도 반복되다 보면 변화된 삶을 살게 된다. 기록하며 아주 미세한 변화라도 느끼게 되면 같다는 생각이 들지 않는다.

미래에 필요한 것을 적어 놓지 않으면 생각나지 않아 고민해야 하지만, 적어놓으면 언제든지 다시 찾아볼 수 있고 필요하면 적어 놓는 것에 자신의 아이디어를 보탤 수도 있고 불필요한 것은 뺄 수도 있다. 강의를 들으면서 메모하는 사람은 졸지 않고 열심히 듣지만, 메모하지 않는 사람은 자신도 모르게 다른 생각을 하거나 졸게 된다. 강의를 들을 때는 들은 것이 오랫동안 머릿속에 남을 것이라 생각하지만, 하루만 지나도 생각나는 것이 거의 없다.

하지만, 강의를 듣거나 누가 말하는 것을 적더라도 말하는 것을 그대로 적을 수는 없다. 그대로 적고 싶어도 속기사가 아니면 따라 적기 힘들다. 기록하는 사람은 말하는 것을 적으면서도 생각을 정리하면서 적을 수밖에 없다. 메모하면 그냥 들기만 하는 것이 아니라 들으면서 요약하게 된다. 기록하지 않고 들으면 들을 때는 다 아는 것 같지만 조금만 지나면 아무것도 기억나지 않는다.

현대사회를 살아가다 보면 일부러 정보를 수집하려고 노력하지 않아도 너무 많은 정보를 접할 수밖에 없다. 정보의 흐름 속에서 인간의 뇌는 이를 기억해야 하는 데 문제는 정보를 기억하는 시간 보다 정보의 흐름이 너무 빠르다는 것이다. 무수히 많은 정보를 모두 기록으로 남길 필요는 없지만, 내게 필요한 정보마저도 그냥 흘려 보내버려서는 안 된다.

일본 이화학연구소 무라야마 마나노리팀 리더를 비롯한 연구팀들은 뇌를 자극하면 더 오랫동안 기억력이 향상된다고 한다. 우리의 뇌는 손으로 기록하면서 자극을 받는다. 우리의 뇌는 손으로 기록하면서 근육이나 신경에 의해서 자극을 자극받게 되어 기록하면 더 오래 기억하게 된다.

내가 《원칙을 지켰더니 해결 되더라》라는 책을 써서 지인들에게 한 권씩 줬더니 "기억력이 좋으신가 봐요.", "어떻게 그렇게 세세하게 기억해요."라는 소리를 많이 들었다. 내가 기억력이 좋은 것이 아니라 평소 기록하는 습관 때문이다. 평소 생활하면서 십 년 이상 프랭클린 planner를 사용하고 있고, 수십 년 동안 써온 업무수첩도 버리지 않고 모두 보관하고 있다. 일기는 개인 역사의 기록이다. 오랫동안 써왔던 업무수첩이나 planner는 내 삶이고 내 인생이다. 그것이 있었기 때문에 가능했다.

그리고 살아가면서 틈틈이 내가 생각하는 것을 '내 생각'이라는 폴더를 만들어 놓고 기록으로 남겼다.《원칙을 지켰더니 해결 되더라》를 출판하면서 책 한 권 쓰는데 원고지 1,000매가 필요하다고 하는데, 내가 써 놓은 원고량이 1,964매나 되었다. 일일계획을 수립하면서 매일 해야 하는 일의 목록 중에 '하루에 1꼭지 이상의 글쓰기'가 있다. 짧은 글이라고 하더라도 매일 글을 쓴다. 기록을 남기면 기억하려고 노력하지 않아도 되고 오랫동안 기억하게 된다. 기록하면 필요할 때 찾아서 보면 된다. 스트레스를 받을 필요가 없어 마음이 편해진다.

목표를 설정하려면 과거 자신의 모습을 살펴봐야 한다. 과거의 기록은 내 인생이고 미래를 살아가는데 필요한 자산이다. 메모 할 때 다시 본다는 생각으로 써야 한다. 일기를 쓰더라도 언젠가 다시 읽을 것으로 생각하고 써야 한다. 기록한 것을 나중에 읽을 때 무슨 내용을 써 놓은 것인지 모른다면 그 기록은 의미가 없다. 미래 내 인생에 도움이 되는 내용을 쓰려고 해야 한다. 메모한 내용은 꼭 다시 보면서 정리하는 시간을 가져야 한다.

다시 볼 필요가 없는 내용은 기록할 필요가 없다. 기록하는 것은 미래에 도움이 되어야 한다는 생각으로 써야 한다. 기록하는 것으로 끝나는 기록이 아니라 기록한 것이 내 삶에 도움이 되도록 써야 하고, 도움이 되도록 활용해야 한다.

일기는 남에게 보여주기 위한 것이 아니다. 거짓으로 쓸 필요도 없고 가장할 필요도 없다. 기록할 때 자신의 인생에 도움이 되는 기록이 되도록 써야 한다. 그런 생각으로 기록하면 다시 읽어 볼 때 그때 무슨 생각을 하면서 썼는지 알 수 있다. 기록할 때의 생각과 다시 읽을 때 생각이 다를 수 있다. 다른 시각으로 생각하고 그 생각을 키우면서 인생의 방향을 바꿀 수도 있다.

미래에 필요하다는 생각이 들면 기억하려고 하지 말고 기록해봐라. 기록해야 미래 내 인생에 도움이 되는 것이다. 기록하는 것이 오랫동안 기억하는 유일한 방법이다. 좋은 아이디어, 좋은 생각은 기록해야 내 것으로 만드는 것이다. 기록은 더 많은 것을 기억할 수 있고, 더 많은 일을 할 수 있게 한다. 또한, 남에게 끌려가는 인생을 사는 것이 아니라 내가 원하는 삶, 내가 하고 싶은 것을 하면서 살 수 있다. 시간에 끌려가는 것이 아니라 시간을 활용하면서 살 수 있다.

기록하면서 빈틈없이 빼곡하게 기록하지 말고 좋은 생각이 떠오를 때는 언제든지 생각나는 것을 추가할 수 있도록 여유 공간을 남겨 두는 것이 좋다. 적으면 마음이 정리되고 편해진다. 좋은 아이디어라는 생각이 들면 바로 기록하고 추가하고 보완하면 더 좋은 아이디어가 될 수 있다.

메모하면
하고 싶은 말을 할 수 있다

평상시에 얘기를 잘하는 사람이 대중 앞에 서면 떨리고 말을 더듬는 사람이 있다. 평상시 이야기하는 것이나 대중 앞에서 이야기하는 것이 크게 다르지 않다. 대중 앞에서도 평상시 얘기하는 것처럼 자연스럽게 얘기하는 강사가 명강사라고 한다. 명강사도 강단 앞에 설 때는 메모해 온다. 메모를 보지 않더라도 메모하면서 준비해 온다. 메모해 오면 자신감이 생긴다.

시흥시청에 근무할 때 평소 말을 잘한다는 간부공무원과 을지훈련을 같이 근무했던 적이 있다. 그 간부공무원은 하루 동안 근무했던 것을 정리하여 다음 날 아침에 많은 사람 앞에서 보고해야 하는데 직원이 작성한 보고서를 읽으며 검토했다. 그리고는 직원에게 수정해 달라고 했다. 직원이 수정해서 가져오면 다시 검토하여 수정해 달라고 했다. 수정하여 다시 가져오면 이번에는 소리 내 읽으며 다시 수정했다. 이런 과정을 몇 차례 반복하다가 보고서 수정을 마쳤다.

　말 잘하는 사람 중에는 천부적으로 말을 잘하는 사람도 있 겠지만, 대부분 부단한 노력의 결과라는 것이다. 그 간부공무 원이 말을 잘하는 것도 평소 부단한 노력의 결과라는 것을 알 았다. 그냥 눈으로만 보는 것이 아니라 입으로 읽으며 손으로 수정하기를 반복했다. 말하는 것처럼 자연스럽게 나올 때까 지 계속 수정했다. 보고서를 읽고 또 읽으며 수정하고 연습하 면 많은 사람 앞에 서더라도 떨지 않고, 더듬지도 않고, 자연 스럽게 말 할 수 있다.

　미국의 대법관 브랜다이스는 "훌륭한 문서작성은 없다. 다 만 훌륭한 수정만이 있을 뿐이다."라 했다. 어떤 문서도 다듬 어지기 전까지는 완벽할 수 없다. 수정하는 것은 힘들고 어렵 다. 수정하면서 다른 생각을 찾을 수 있어 처음보다 수준 높 은 글이 된다. 많은 사람 앞에서 말을 해야 하는 경우 읽어 보 고 또 읽어 보면서 수정해야 한다. 입에서 자연스럽게 흘러나 와야 한다.

　메모하는 것에서 끝나지 말고 필요할 때는 언제든지 꺼내 볼 수 있도록 주머니에 넣어 다니면서 내 것으로 만드는 것이 중요하다. 영어 단어를 외우고 싶으면, 메모지에 단어를 적어 휴대하고 다녀라. 영어 단어는 한 번 본다고 외워지는 것이 아니다. 책상에서 오늘 외울 단어를 몇 번 외웠다고 해서 머릿속에 남지 않는다. 길을 가다가도, 화장실에 가서도 생각나지 않을 때 즉시 주머니에서 꺼내 볼 수 있어야 한다. 그렇게 해서 내 것을 만들어 놓으면 오랫동안 머릿속에 남는다.

평소에 사용하지 않는 다른 나라의 언어를 우리나라 말처럼 자동으로 튀어나오게 하는 것은 쉬운 일이 아니다. 완전히 외웠다고 생각했던 단어도 며칠이 지나면 생각나지 않을 때가 있다. 단어가 생각나지 않으면 단어를 찾아봐야 한다. 잊어버렸다가 다시 외우기를 몇 차례 반복한 후에야 자동으로 입에서 튀어나온다. 매일 영어 단어 하나씩 내 것으로 만든다면 금방 영어와 친해질 수 있다.

외워야 하는 것이나 꼭 기억해야 하는 것이 있다면 메모하여 주머니에 넣어 다니면서 생각나지 않을 때 금방 꺼내 볼 수 있어야 한다. 자꾸 보다 보면 내 것이 된다. 적어 가지고 다니면서 자꾸 보면 외워지지 않던 단어도 자동으로 튀어나온다. 어린 아기가 처음에는 말을 하지 못하다가 어느 날 '엄마'라는 말 한마디를 하다가 어느 날부터는 한 문장을 말하다가 자신의 의사를 자유롭게 말한다.

우리가 사용하지 않는 언어를 자유자재로 구사하기 위해서는 꾸준하게 노력해야 한다. 아무리 천재라고 하더라도 하루

아침에 다른 나라의 말을 자유자재로 사용하기는 어렵다. 우리가 사용하지 않는 언어를 자유자재로 구사하기 위해서는 하루에 한 단어나 한 문장을 외우려고 노력해야 한다. 종이에 메모하고 수시로 보면서 내 것으로 만들어 나갈 때 어린 아기가 한마디를 하다가 자유롭게 말하는 것처럼 어느 날부터 외국인을 만나더라도 두려워하지 않고 자유롭게 이야기 할 수 있다.

말 잘하는 사람도 대중 앞에서 말할 때는 하고 싶은 내용을 적어오는 것을 볼 수 있다. 미리 적어오지 않으면 갑자기 생각나지 않아 하고 싶은 말을 하지 못할 때가 있다. 내용을 다 외웠다고 할지라도 적어가면 자신감이 생긴다. 강의하면서 메모지를 보지는 않더라도 간단하게 제목이라도 적어오는 사람이 있다. 내용을 잘 알기 때문에 보지 않고도 말할 수 있지만, 적어오지 않으면 마음이 불안하다. 말하다 보면 갑자기 생각나지 않는 경우가 있는데 이럴 때 메모가 있으면 당황하지 않는다. 반대로 순서가 바뀌면 어색하게 들릴 때도 있다.

메모하면 하고 싶은 말을 할 수 있다. 대중 앞에서 하는 말이 아니고 회의석상에서 얘기할 때도 메모하면 논리적으로 말 할 수 있다. 말하면서 말의 순서만 바꿔도 말 잘한다는 소리를 듣는다. 하다못해 친목회에서 말할 때도 메모하면 하고 싶은 말을 빠트리지 않는다. 메모하면서 하고 싶은 말이 무엇인지 생각하게 되고, 어떤 말을 어떻게 하는 것이 좋을지 구상하게 된다. 메모하면서 어떤 말을 먼저 해야 하는지 알 수 있다.

　군대 생활을 할 때 김응만 소대장은 가끔 주제를 정해주고는 소대원들에게 얘기하게 하곤 했다. 소대장이 5분을 얘기하라고 하는데 대부분 1분 이내로 아주 짧게 얘기한다. 그러나 나는 10분 이상 얘기할 때가 많았다. 다른 전우들이 얘기하는 것을 들으며 어떤 얘기를 할 것인지 생각하다가 했다. 군에 입대하기 전에 주일학교에서 중·고등학교 학생들을 지도했었는데 학생들에게 얘기하려면 사전에 준비해야 했다. 무슨 말을 어떻게 얘기할 것인지 생각하고 적어서 연습해야 했다.

　그런 경험이 있어서 그런지 어떤 주제가 되었든 주제를 주면 얘기하는 데 큰 어려움은 없었다. 여러 사람 앞에서 발표할 기회가 있을 때는 사전에 메모하라. 메모했더라도 여러 번 읽으며 수정하기도 하고 메모한 것을 소리 내 읽으며 연습해라. 말이 자연스럽게 나오지 않으면 말이 자연스럽게 나올 때까지 수정하고 연습해야 한다. 메모하고 읽으면서 연습하면 자신 있게 이야기 할 수 있다. 하고 싶은 말을 빠트리지 않고 잘할 수 있다.

갑자기 사람들 앞에서 이야기해야 한다면 무슨 말을 할 것인지 간단하게 핵심이라도 메모하라. 갑자기 말할 때 당황하여 할 말을 잊어 말하지 못하는 경우가 있다. 핵심이라도 간단하게 메모하면 얘기할 때 많은 도움이 된다.

🔅 메모하면서 검토해야 할 사항

1. 방향에 맞는 것인지 검토하라.
2. 하고 싶은 말이 빠지지 않았는지 확인해라.
3. 말이 자연스럽게 나오는지 검토하라.
4. 말의 순서가 적당한 것인지 검토하라.
5. 참여자들이 듣고 싶은 이야기인지 검토해라.
6. 주어진 시간에 마칠 수 있도록 준비하라.

여덟 번째

메모해야
틈새 시간을 활용할 수 있다

틈새 시간을 어떻게 활용하느냐에 따라 인생이 달라진다. 누구를 기다리는 시간이나 차를 타고 이동하는 시간도 활용하는 사람이 있고 무의미하게 보내는 사람이 있다. 매일 한 번에 1시간이나 2시간 이상을 내기는 쉽지 않을 수 있다. 직장생활하면서 아침에는 늘 시간에 쫓기다 보니 짧은 시간을 내기도 쉽지 않다. 그래서 저녁 시간을 활용하려고 하니까 저녁 시간은 회식이 잡히거나 생각지 못했던 일정들이 잡히는 바람에 마음대로 시간을 내기가 쉽지 않다.

나는 매일 1시간씩 운동하기로 했다. 운동을 매일 빼먹지 않고 하려면 아침 시간이 좋을 것 같았다. 그런데 아침에는 출근준비 때문에 시간을 내기가 쉽지 않았다. 그래서 저녁 시간으로 바꿨다. 저녁 시간에 운동하려고 하니까 저녁에는 약속이 잡히는 날이 많았다. 아침에 하는 것이 쉽지 않은 것처럼 저녁에 하는 것도 쉽지 않았다. 그래서 퇴근하는 시각이 몇 시

머리보다 손으로 생각하라

가 되었든 2시간은 운동하는 시간으로 정해서 운동했던 적이 있다.

한 번에 1시간을 내는 것은 어렵지만 틈새 시간을 활용하는 것은 얼마든지 가능하다. 한 번에 1시간을 내기는 어렵지만 10분씩 여러 번 시간을 내는 것은 가능하다. 10분을 내기 어려운 사람도 5분이나 1분씩 나눠서 시간을 활용하는 것은 가능하다. 아무리 바쁜 사람도 1분을 내지 못할 만큼 바쁜 사람은 없다. 메모지에 메모하여 주머니에 넣고 다니며 영어 단어를 외우는 것은 1분이 아니라 단 몇 초면 가능하다.

예전에는 전철을 타고 다니다 보면 앉아 있는 사람은 물론 서 있는 사람도 책을 읽는 것을 자주 볼 수 있었다. 그런데 요즈음은 전철을 타고 다니는 사람 대부분이 고개를 숙이고 스마트 폰을 쳐다본다. 그러다 보니 거북목이 많다고 한다. 물론 스마트 폰이나 태블릿 PC를 활용하여 책을 읽는 사람도 있고, 필요한 정보를 찾는 사람도 있지만, 대부분은 시간을 보내기 위해 스마트폰을 하는 것이다.

나는 서울에 갈 때는 자가용을 이용하지 않고 주로 전철을 이용한다. 전철을 타고 가면서 책을 읽기 위해서다. 약속 시각보다 30분 정도 일찍 나가는 편이다. 나갈 때는 항상 책을 한 권 들고 나간다. 일찍 도착해서 책을 읽고 있으면 약속한 사람이 늦게 와도 책을 읽고 있으니까 지루하지 않다. 혹여 갑자기 약속이 깨지더라도 손해 볼 일이 없다. 줄을 치기도 하고, 느낌을 적기도 하면서 책을 읽는 즐거운 시간을 보냈기 때문이다.

무슨 일을 하다 보면 기다려야 하는 시간이 생긴다. 아무것도 하지 않으며 기다리는 것은 지루하다. 누구를 기다리는 것만큼 지루한 것이 없다. 기다리는 사람이 오지 않으면 그 사람을 원망하게 된다. 기다리는 시간이 길 때도 있고, 짧을 때도 있을 수 있다. 기다리는 시간을 멍청하게 보내는 것보다는 뭔가를 하는 시간으로 활용한다면 지루하지도 않고 누구를 원망해야 할 필요도 없다. 기다리는 시간을 이용해 뭔가를 할 수 있어서 설사 약속이 깨지더라도 손해 볼 일이 없다.

시간을 활용할 때 시간이 길면 긴 대로 짧으면 짧은 대로 활용하면 된다. 그 짧은 시간까지 숨 막히게 활용하라고 하느냐 할지 모르지만, 틈새 시간을 활용하는 사람과 틈새 시간을 활용하지 않는 사람의 삶은 다르다. 처음에는 그 차이가 느껴지지 않고 눈에 보이지도 않지만, 시간이 갈수록 그 차이는 점점 벌어진다.

내가 아는 사람 중에 농사일을 하면서도 메모지에 영어 단어를 적어 주머니에 넣어 다니면서 외우는 사람이 있다. 대학에 다니지 않았지만 3개 국어를 능통하게 사용하고 있다. 박사학위를 가진 사람들이 그의 강의를 듣고 있다. 자기에게 주어진 틈새 시간을 최대한 활용한 결과이다. 짧은 시간이라고 무시하지 마라. 짧은 시간이라고 하더라도 계속 활용하면 그 결과는 엄청나다. 아주 작은 꿀벌이 한 번에 물어오는 꿀의 양은 아주 미미하다. 하지만 1주일이 지나 꿀을 뜰 때 보면 꿀통에 꿀이 가득 차 있다.

한 번에 달라지지 않는다. 금방 효과가 나타나지 않는다고 무시하지 마라. 짧은 시간에 효과가 나타날 것으로 생각하지 마라. 변하기 위해서는 꾸준하게 오랫동안 지속하여야 한다. 꿀벌 한 마리가 한 번에 가져오는 꿀의 양은 아주 적은 양이지만 쉴 새 없이 날라 오는 꿀이 쌓이고 쌓여 꿀통을 가득 채우는 것처럼 틈새 시간을 활용하는 것도 오랫동안 지속하여야 한다. 작은 메모지에 영어 단어를 적어 주머니에 넣어 다니며 단어를 외우는 것은 아주 짧은 틈새 시간도 활용할 수 있다. 아주 짧은 틈새 시간을 활용하여 할 수 있는 일이 정말로 많다.

농사일하면서 영어 단어를 외우기 위해서 책을 주머니에 넣어 다닐 수는 없다. 하지만 메모한 메모지는 주머니에 넣어 다닐 수 있다. 틈새 시간을 활용하는 데는 큰 것이 필요한 것이 아니라 아주 조그마한 것이 필요하다. 생각나지 않을 때 잠깐 꺼내서 볼 수 있는 것이면 된다. 좋은 생각 좋은 아이디어를 내 것으로 만들기 위해서 커다란 노트가 필요한 것이 아니다. 메모할 수 있는 것이면 어떤 것이라도 가능하다. 메모하는데도 많은 시간이 필요한 것이 아니라 아주 짧은 시간이면 된다.

메모는 틈새 시간을 효과적으로 활용하기 아주 좋은 도구다. 메모는 아주 짧은 시간이라도 그 시간을 유용하게 활용 할수 있다. 아주 짧은 시간이라도 그것들이 쌓이고 쌓이면 나중에는 큰 성과물이 된다. 짧은 시간을 활용해서 할 수 있는 일로 영어, 중국어, 일어, 독어 등 외국어를 배우는 시간으로 활용해 볼 수 있다. 조그마한 메모지에 단어나 한 문장을 적어서 주머니에 넣어 다니면 화장실에 가는 시간을 이용할 수 있고, 길을 걸어가면서도 틈새 시간을 이용할 수도 있다.

아주 짧은 틈새 시간을 활용하여 외국어를 자유자재로 구사할 수 있도록 한다면 엄청난 자산이 될 수 있다. 그냥 흘려버렸다면 아무것도 얻지 못하지만, 틈새 시간을 활용하여 외국어 하나를 자유자재로 구사할 수 있다면 엄청난 성과를 거두는 것이다. 아주 짧은 시간을 활용하여 할 수 있는 일은 찾으면 얼마든지 찾을 수 있다. 시간이 있을 때 조그마한 메모지에 메모했다가 하루에 한 장씩 가지고 다니며 자기 것으로 만들어봐라.

짧은 틈새 시간을 활용하기 위해서는 메모해야 한다. 영어 단어를 외우기 위해서는 사전에 영어 단어를 메모지에 메모해야 한다. 준비가 되어 있지 않으면 틈새 시간을 활용할 수 없다. 메모해야 틈새 시간을 활용할 수 있다. 틈새 시간을 어떻게 활용하느냐가 삶의 질을 결정한다. 틈새 시간을 효과적으로 활용하기 위해서는 메모해야 한다.

학교에 다니며 시험 때만 벼락치기 공부를 했던 적이 있다. 벼락치기 공부한 것은 시험이 끝나면 생각나지 않는다. 시험을 잘 보는 것도 중요하지만, 자기 것으로 만드는 것이 더 중요하다. 많은 사람이 그 짧은 시간에 무엇을 할 수 있느냐며 틈새 시간의 가치를 무시한다. 하지만 틈새 시간을 잘 활용하여 무언가를 내 것으로 만들어 놓으면 살아가는 동안 활용할 수 있다. 틈새 시간을 활용하는 사람은 다른 사람들이 하지 못하는 것을 할 수 있다.

공직생활 할 때 감사 때만 되면 밤을 새워가며 일하는 사람이 있다. 밤을 새워가며 감사준비 하는 사람이 이해되지 않았다. 평상시 틈새 시간을 활용하여 부족한 부분은 정리하면 되는데 왜 밤을 새우는지 모르겠다. 나는 완료되지 않은 일의 목록을 작성하여 틈새 시간을 활용하여 정리하는 시간을 가졌다. 감사 때라고 하더라도 따로 감사준비 하는 시간을 가진 적이 없다.

시간이 없다고 핑계 대지 말고 틈새 시간을 활용해 보라고 권하고 싶다. 메모를 활용하여 틈새 시간을 활용할 방법을 찾아보자. 틈새 시간을 잘 활용하면 할 수 있는 것이 정말 많다. 틈새 시간에 하고 싶은 일을 하면서 행복한 경험을 많이 느껴봐라.

메모하면
사소한 것도
좋은 아이디어가
된다

왜 메모해야 할까?

성공하는 사람들은 왜 메모를 할까? 메모지 든, 달력이 든, 스마트폰이 든, 손바닥이 든, 메모하는 것은 모두 미래에 도움이 될 것 같고 나중에 다시 보기 위해서 기록하는 것이다. 전화번호를 적어둔다는 것은 나중에 필요할 때 전화하려고 하는 것이고, 일정을 적어두는 것은 일정을 기억하려고 적는 것이다.

대부분 사람은 아주 기본적인 전화번호나 일정만 메모하여 활용한다. 메모하고 기록하는 것이 인생을 변화시키고 자신이 살아가는 데 많은 도움이 되는데도 사람들은 메모를 활용하지 않는다. 어떤 일을 하든지 메모를 활용하면 도움이 된다. 인생을 바꾸는 도구로 활용하면 인생을 바꿀 수 있다. 사람들은 메모의 중요성을 무시하며 메모하지 않으려고 한다. 전화번호는 미래에 필요할 것이라며 중요하게 생각하면서 적는다. 하지만, 우리가 살아가며 보고 느끼는 것 중에 미래에 도움이 되는 것이 있음에도 도움이 될 것으로 생각하지 않는다.

어떤 사람은 수십 년 동안 일기를 써왔다고 하고, 업무수첩을 꼼꼼하게 써왔다고 한다. 쓰기는 열심히 썼지만, 다시 보지는 않는다고 했다. 미래에 도움이 되게 하려면 기록하는 것도 중요하지만 기록한 것을 다시 봐야 한다. 아무리 열심히 썼다고 하더라도 다시 보지 않으면 미래에 도움이 되지 않는다. 또, 다시 본다고 하더라도 현실에 적용하지 않으면 도움이 되지 않는다.

메모하지 않는다고 주장하는 사람들도 자신도 모르게 메모하고 있는 경우가 많다. 자신도 모르게 전화번호를 기재하고 무슨 약속이나 중요한 일정은 적어 놓는다. 메모지를 가지고 메모지나 수첩에 적는 것만 메모가 아니라 어디에 적든 아이디어를 적는 것, 전화번호를 적어놓는 것, 가계부를 쓰는 것, 일정을 관리하는 것, 회의 내용을 요약하는 것, 일기를 쓰는 것을 모두 메모라고 할 수 있다.

성공하는 사람들은 메모광이었다고 한다. 이순신은 전쟁 중에도 먹을 갈아 붓으로 일기를 쓰며 하루를 반성하고 계획하는 시간을 가졌다. 다산 정약용은 유배 생활을 하면서도 책을 읽으며 메모했고 무려 500권이나 되는 책을 저술했다. 다산은 다독을 통해 정보를 수집하고 체계적으로 계통별로 분류했다. 아이디어가 생각 날 때마다 메모했다. 발명왕 에디슨은 3,200권의 메모하는 노트를 사용하고 있었다고 한다. 천재 화가 레오나르도 다빈치는 30년 동안 5,000장의 수기를 썼다.

성공하는 사람들을 살펴보면 메모하는 삶을 산다. 메모하는 사람은 사물을 보거나 일하면서 그냥 지나치지 않고 세밀하게 관찰하는 습관이 있다. 좋은 아이디어가 떠오를 때마다 메모하는 습관이 있다. 또한, 단순하게 메모만하는 것이 아니라 메모를 삶을 바꾸는 도구로 적극적으로 활용하여 현실에 적용하고 있다. 그들은 항상 더 좋은 방법은 없는지 찾으려고 하고, 다른 방법은 없는지 생각하는 버릇이 있다.

세계문화유산으로 지정된 수원 화성은 전쟁 중에 훼손된 부분이 많아 새로 축조한 부분이 많다. 새로 축조한 것은 세계문화유산으로 등재해주지 않는다고 하는데 수원화성은 세계문화유산으로 등재되었다. 수원 화성의 설계도서가 잘 보존되어 있고, 설계도서에 있는 그대로 재현했기 때문에 유네스코 세계문화유산으로 등재가 가능했다고 한다.

이와 반대로 우리나라가 자랑하는 고려청자 기술은 세계 유일의 명품이라고 할 수 있다. 그런데 제조 기술이 기록으로 남아 있지 않아 재현할 수가 없다. 참으로 안타까운 일이 아닐 수 없다. 자신이 가지고 있는 기술을 다른 사람이 모르게 하기 위해서 남이 보지 못하게 하는 경우가 있다. 기록으로 남기지 않는 경우가 있다. 그런 이유로 좋은 기술이나 정보가 기록으로 남겨지지도 않고 구두로도 전수되지 않아 기술이 보존되지 않고 있는 것이 안타깝다. 이처럼 기록은 참으로 중요하다.

평화나무 농장을 운영하는 지인은 파종달력을 만들어 지인들과 공유하고 있다. 농사에 경험이 없는 사람도 어느 날 어떤 종류의 작물의 씨를 뿌리고, 가꾸고, 수확해야 하는지를 알 수 있게 하고 있다. 심지어 김치, 된장, 효소, 잼, 빵을 가공하면 맛이 좋아지고 보존성이 높아지는 열매의 날, 꽃의 날 등을 표시해 지인들과 공유하고 있다.

기록하는 사람이 기억력이 좋고 창의력이 좋다는 말을 많이 듣는다. 기록하는 사람이 실제로 기억력이 좋을지도 모르지만, 더 많이 기억하는 이유는 기록하기 때문이다. 기록하면서 더 세밀하게 관찰하고, 기록한 것을 현실에 적용하려다 보니 다시 보게 되고, 보면서 항상 고민하기 때문에 더 오랫동안 기억할 수밖에 없다.

강의하거나 주민들 앞에서 사업설명회를 하다 보면 질문

받는 경우가 많다. 어떤 사람은 한 가지 질문만 하는데 어떤 사람은 한 번에 여러 가지를 질문한다. 질문을 받으면서 메모하지 않으면 질문에 답변하면서 빠트리는 경우가 있다. 메모하면서 질문을 받으면 빠트리지 않고 답변할 수 있고, 답변하면서 어떻게 답변하는 것이 좋은지 알 수 있다. 나중에 누가 어떤 질문을 했었는지도 기억할 수 있어서 좋다.

누구에게나 자신이 모르는 단점을 가지고 있을 수 있다. 자신의 단점을 고치고 싶어도 메모 없이는 단점을 고치기 어렵다. 단점을 고치려면, 자신만의 단점 리스트를 만들어 잘 보이는 곳에 적어두는 것이 필요하다. 메모한 단점을 수시로 보면서 단점을 머리에 각인시켜서 지속적으로 고치려고 노력해야 한다.

살아가면서 기억하려고만 하지 말고 메모하라는 말을 많이 듣는다. 하지만 그냥 무시하고 흘려보내는 경우가 많다. 기록하는 것이 습관 되지 않은 사람은 꼭 기록해야 하는 것도 기록하지 않는다. 기록하면 사물을 보거나 일을 하면서도 그냥 지나치지 않고 더 자세하게 관찰하게 된다. 관찰하다 보면 좋은 아이디어가 떠오른다. 보지 못했던 것을 볼 수 있다. 나도 모르게 창의성이 좋아진다.

잊어버리지 않기 위해서도 메모해야 하지만, 자신의 단점을 고치기 위해서도 메모해야 한다. 메모는 활용하기에 따라 얼마든지 자신의 인생을 바꿀 수도 있다. 자신이 하고 싶은 것을 하기 위해서도 메모해야 하고, 자신이 하지 말아야 할 것을 하지 않기 위해서도 메모해야 한다.

정약용의 5가지 메모 방법

1. 책을 읽을 때 왜 읽는지 주견을 세운 뒤 눈으로 읽지 말고 손으로 읽어라. 부지런히 필요한 부분을 쓰고 기록해야 생각이 튼실해지고 주견이 확립된다. 그때그때 적어두지 않으면 기억에서 사라진다. 당시에는 요긴하다 싶었는데 찾을 수가 없게 된다.

2. 늘 고민하고 곁에 필기구를 놔둔 채 깨달음이 있으면 반드시 기록하라.

3. 기억을 믿지 말고 손을 믿어라. 메모는 생각의 실마리. 메모가 있어야 기억이 복원된다. 습관처럼 적고 본능으로 기록하라.

4. 평소 관심 있는 사물이나 일에 대해서 세밀하게 관찰해 기록하고 의미를 부여하라.

5. 메모 중에 쭉정이는 솎아내고 알맹이는 추려 계통별로 분류하라. 그리고 현실에 응용하라. 속된 일에도 의미를 부여하고 자신이 정리한 지식체계와 연계시켜라.

메모해야
기회가 왔을 때 잡을 수 있다

누구에게나 습관이 있다. 좋은 습관만 가지고 있는 것이 아니라 나쁜 습관도 있다. 자기가 가지고 있는 습관을 다른 사람들은 인지하는데 정작 본인은 인지하지 못하는 경우가 있다. 자신을 되돌아보는 시간을 갖지 않기 때문이다.

자신에게 어떤 습관이 있는지 아는 것이 중요하다. 집에 CCTV를 설치해 놓고 관찰하거나 가족에게 부탁하는 방법도 있다. 자신이 하루에 무슨 일을 하는지, 무슨 말을 하는지 기록해보는 것이 필요하다. 좋은 습관은 어떤 것이 있고, 나쁜 습관은 어떤 것이 있는지 아는 것이 필요하다.

좋은 습관은 많이 가지고 있을수록 좋다. 반대로 나쁜 습관은 모두 버리는 것이 좋다. 어떤 행동이 일단 습관이 되면 버리기가 쉽지 않다. 그래서 좋은 것은 습관이 되도록 해야 하지만, 나쁜 것은 습관이 되지 않도록 해야 한다. 자기가 나쁜 습관을 버리거나 갖지 않기 위해서는 본인이 그것을 인지하는 것이 필요하다.

담배를 피우는 사람에게 담배를 끊으라고 하면 인이 박혀서 끊을 수 없다는 말을 한다. 담배를 끊는 것이 쉽지 않은 모양이다. 하지만 끊을 수 없는 것은 아니다. 지인 중에 수십 년 동안 담배를 피웠는데 수술을 받아야 하는데 의사가 담배를 피우지 않고 한 달이 지나야 수술이 가능하다고 하니까 담배를 끊기 위해서 아들이 보는 앞에서 집에 보관하고 있던 담배를 모두 부숴서 쓰레기통에 갖다버렸다고 한다.

지금도 담배를 피우고 있는 사람 앞에 가면 담배를 피우고 싶은 생각이 든다고 했다. 하지만 아들이 보는 앞에서 담배를 부숴버리면서 피우지 않겠다고 약속을 했고, 매일 담배를 피우지 않은 날을 점검해나가다 보니 1년 넘게 담배를 피우지 않고 있다. 매일 담배를 피웠는지 확인하며 메모하고, 언제 담배를 피우고 싶었는지를 파악하여 가능하면 담배를 피우고 싶은 상황을 만들지 않았다고 한다. 담배를 피우고 싶을 때는 아들과 약속을 지켜야지 하는 생각을 하며 참았다고 한다.

나도 한때 인터넷 바둑을 두며 밤을 새우는 날이 자주 있었던 적이 있다. 지면 이기고 싶고, 이기면 한 판 더 이겨 한 급수 올리고 싶었다. 한 판만 하자고 시작했던 것이 한 판만 더 한 판만 더 하다가 밤을 새우는 것이다. 나쁜 버릇은 마력이 있어서 유혹이 오면, 그 유혹을 뿌리치기 힘들다. 그만두어야 한다고 생각하면서도 빠져나오기가 힘들다. 그만두겠다고 다짐을 하지만 나도 모르게 다시 빠져 들어가곤 한다.

일기를 쓰며 오늘 한 일을 반성하며 인터넷 바둑을 두며 쓸데없이 시간을 낭비했다는 것을 인지하게 되었다. 인터넷 바둑을 두지 않겠다며 컴퓨터에서 인터넷 바둑 프로그램을 삭제했다. 혼자 있을 때 인터넷 바둑을 한판만 두자며 다시 프로그램을 설치했다. 프로그램을 설치하고 한판만 두는 것이 아니라 한 판 더, 한 판만 더 하다가 몇 시간 동안 매달리게 된다. 다시 일기를 쓰며 인터넷 바둑을 다시는 두지 않겠다고 다짐하며 다시 인터넷 바둑 프로그램을 삭제했다. 그 이후에도 설치했다, 삭제 했다 를 반복하다가 유혹에서 벗어날 수 있었다.

노름에 미친 사람들은 손가락을 자르면 발로 한다는 말이 있다. 그처럼 노름에 한 번 빠지면 빠져나오기 쉽지 않다는 것이다. 일기를 쓰면서 다짐하고 다짐하더라도 나쁜 습관의 유혹에 다시 넘어가기 쉽다. 자신을 되돌아보는 시간을 갖지 않으면 유혹에서 빠져나오기 쉽지 않다. 그래서 나쁜 습관을 고치려면 일기를 써야 한다. 일기를 쓰면서 고치려고 다짐하고 다짐해야 한다.

담배나 인터넷 바둑만 끊기 힘든 것이 아니라 나쁜 습관은 모두 마력이 있어 그 유혹을 끊어내기가 쉽지 않다. 일기를 쓰거나 메모하면서 나쁜 버릇을 버리려면 오늘 해야 할 일의 목록에 무슨 나쁜 버릇을 하지 않기를 바라는지 구체적으로 기재해라. 나쁜 버릇을 하지 않기 시작한 지 며칠 동안이나 나쁜 버릇을 하지 않았는지를 적어봐라. 자신이 하지 않은 날이 점차 늘어가는 것을 보면서 할 수 있다는 자신감을 갖게 된다. 다시 하고 싶은 유혹이 오더라도 이겨낼 수 있는 힘이 생긴다.

다른 사람에게 나쁜 버릇을 하지 않기로 했다고 공개적으로 말해봐라. 오늘까지 몇 일째라고 얘기해봐라. 다른 사람들에게 이야기하면 주변에 있는 사람들이 "정말 대단하다.", "응원한다." 격려해 주고 응원도 해준다. 격려나 응원은 다시 하고 싶은 유혹을 이겨낼 힘이 된다.

나쁜 버릇을 버리는 것도 힘들지만, 좋은 버릇을 만드는 것도 생각처럼 그렇게 쉽지 않다. 매일 같은 시간에 약을 챙겨 먹기 쉽지 않다. 해외여행을 하다 보면 수백만 원어치 건강보조식품이나 약을 사 오는 사람들을 본다. 그런데 약을 조금 먹다가 버렸다고 한다. 건강해지기 위해서 많은 돈을 지급하고 사 왔지만, 때마다 챙겨 먹는 것이 생각처럼 쉽지 않다. 그러다 오래되니까 누구에게 줄 수도 없고 버리게 된다.

내가 고혈압약을 먹어야 하는데 빼먹는 일이 많았다. 바쁘게 살아가다 보면 약 먹는 것을 잊을 때가 많다. 일기를 쓰면서 오늘 해야 할 일 목록을 먼저 기록하고 저녁에는 그 일을 했는지 하나하나 확인한다. 매일 해야 할 일 목록에 '혈압약 챙겨 먹기'를 기록하며 확인하다 보니 약을 챙겨 먹게 된다. 그렇게 몇 년이 되다 보니 이제는 적지 않아도 약을 잘 챙겨 먹는다. 이제는 버릇이 생긴 것이다.

좋은 버릇을 만들려면 매일 해야 할 일 목록에 '좋은 버릇 만들기'라고 추상적으로 쓰지 말고 '메모하는 습관 갖기', '다른 사람의 말을 끝까지 듣기'처럼 구체적으로 적는 것이 좋다. 그리고는 메모했던 내용을 메모 수첩에 정리하면서 이행 여부를 챙겨야 한다. 피곤하다고 미루고, 졸음이 온다고 미루다 보면 메모하는 것을 버릇으로 갖기 힘들다.

습관보다 강한 것은 없다. 좋은 습관은 만들고 나쁜 습관은 버려야 한다. 나쁜 습관은 금방 만들어지지만 좋은 습관을 만드는 데는 오래 걸린다. 나쁜 습관에는 마력이 있어서 나쁜 습관을 버리려고 다짐을 해도 조금만 방심하면 원래로 돌아가기 쉽다. 일기를 쓰면서 나도 모르게 하는 나쁜 습관이 있는지 살펴봐라. 나쁜 습관을 고치기 위해서는 내게 무슨 나쁜 습관이 있는지 알아야 한다.

내가 나를 컨트롤 하지 못하면 그 습관에 노예가 된다. 일기를 쓰며 나쁜 습관을 버리려고 노력하라. 나쁜 습관은 피나는 노력을 해야 버릴 수 있다. 자신도 모르게 하는 버릇이 있는지 주변에 있는 사람들에게 물어보라. 좋은 습관을 많이 만들어라.

메모하면
아이디어를 살릴 수 있다

아이디어를 끄집어내기 위해서는 건강한 피드백이 필요하다. '그거 해봤는데 안 돼', '그게 되겠어.' 같은 부정적인 피드백으로는 좋은 아이디어를 끄집어낼 수 없다. 창의력을 키우려면 고정관념을 버려야 한다.

모 대기업에서 사원을 뽑을 때 전공자를 뽑은 것이 아니라 예·체능관련 대학을 나온 사람을 뽑아서 직업교육을 했다고 한다. 전자 관련 업체였는데 전공과 전혀 관계없이 직원을 뽑았는데 창의력이 있는 직원을 뽑기 위해서 전공과 관련이 없는 직원을 뽑은 것이다.

취미생활이 창의력을 살리는 데는 도움이 된다. 취미생활은 일에 대한 스트레스를 줄여주고 자신이 하는 분야와 전혀 다른 것을 배우는 것이다. 취미생활을 통해 배우는 재미를 느끼게 하고, 자존감 향상에 도움이 된다. 정신적 건강이 창의력 향상에 도움을 준다. 무의식 상태로 들어가서 머리를 비우는 명상을 하면 더 좋은 생각을 할 수 있다.

나는 글을 쓸 때 마인드맵을 사용할 때가 많다. 마인드맵을 작성하면서 생각나는 것을 모두 적는다. 한 참 적어 나가다 보면 전혀 생각하지 못했던 것이 떠오른다. 생각나는 것을 적다 보면 합치면 좋은 것이 생각나기도 하고, 빼면 좋은 것이 생각나기도 한다. 생각나지 않을 땐 그냥 덮어 놓고 다른 일을 하다 보면 좋은 소재가 떠오를 때가 있다. 다른 일을 하면서도 생각하지 못했던 좋은 소재가 생각날 수도 있다.

동장으로 근무할 때 지역을 순찰하다가 옥구천 제방에 무분별하게 자라난 아까시나무, 가지치기도 하지 않은 채 방치된 개나리 나무, 산책로 가운데 화단에 심은 병꽃나무가 관리되지 않아 한낮에도 어두침침해 지나가는 사람이 잘 보이지 않는 것을 발견했다. 산책로로 걸어가다 보니까 나뭇가지가 걸려서 불편했다.

걸어 다니는 사람들에게 거치적거리는 나뭇가지를 누군가가 꺾어 놓은 것도 보였다. 비 오는 날은 우산을 쓰고 지나가도 늘어진 나뭇가지가 옷에 닿아 옷이 전부 젖었고 으슥하다 보니 대변을 아무 데나 보는 사람도 있고, 쓰레기를 아무 데나 버리는 사람도 있었다. 메모하고 해결방법을 찾아야겠다고 생각했다.

우선 주민들이 산책하는 데 편하게 이용할 수 있도록 해야 겠다는 생각으로 전지가위를 가지고 길게 뻗어 나와 지나가는 사람에게 불편을 주는 나뭇가지를 잘라냈다. 나뭇가지를 자르고 있는데 지나가는 사람들이 한마디씩 한다. "개나리 나무를 확 베어버렸으면 좋겠다.", "어두우니까 무서워", "여자들은 무서워서 이 산책로로 다니지 않는대." 지나가는 사람들이 한마디씩 하는 얘기를 메모했다.

지나가는 사람에게 불편을 주는 가지만 자르려고 하다가 개나리 나무는 가지가 금방 자라서 확 베어버리는 것이 좋겠다는 생각이 들어 다음 날부터 작은 톱을 가지고 매일 조금씩 개나리 나무를 자르기 시작했다. 그랬더니 어떤 여성에게서 전화가 왔다. 자신은 계속 여기 살아야 하는 주민이다. 자신은 개나리꽃을 좋아하는데 길어야 2년이면 다른 데로 갈 동장이 왜 개나리 나무를 잘라내려고 하느냐고 했다. 현장을 둘러보면 생각이 달라질 것으로 생각하고 같이 현장을 둘러보자고 했다. 동장실에서 만나기로 약속하고 기다렸으나 나타나지 않았다. 1시간 이상을 기다려도 오지 않아 전화했더니 전화도 받지 않았다.

무분별하게 자라나온 아까시아 나무와 개나리 나무를 베어내니까 매화나무와 가로수만 남았다. 지나가는 사람들이 훤

해서 좋다고 했다. 멀리서 봐도 지나가는 사람이 다 보였다. 하천 건너편에 지나가는 사람들도 보였다. 주민들의 반응이 좋았다. 그 후에는 산책로를 걷는 사람들을 위해서 꽃밭을 만들고 꽃모종을 심었다. 1년생 화초를 심으면 매년 심어야 하니까 여러해살이 화초로 심었다.

그러던 중 산책로를 이용하는 사람을 살펴봤더니 노인이 많았다. 노인들이 중간에 앉아서 쉴 수 있는 시설이 필요하다는 생각이 들었는데, 갯골생태공원을 산책하다 보니까 그네 의자를 이용하는 사람이 많이 보였다. 그래서 중간에 그네 의자도 만들어 놓고, 벤치도 만들어 놨더니 그네 의자에 앉으려고 줄을 서서 기다리는 모습이 보였다. 어떤 할머니는 매일 나와서 그네 의자를 타면서 좋아했다. 그네 의자를 추가로 설치해줬더니 다른 곳에도 그네 의자를 설치해 달라는 요구가 있었다.

주민들에게 불편을 주는 것을 해소하고 주민들이 이용하기 편하게 하는 방법을 찾기 위해서 시간이 나는 대로 순찰하면서 메모했다. 그런데 산책하는 주민들에게 불편을 주는 나뭇가지를 자르고 있는데 지나가는 사람들이 한마디씩 하는 것이 바로 문제를 해결하는 답이었다. 아이디어를 실행하다 보면 아이디어를 주는 사람이 있다. 주민들이 한마디씩 하는 말에서 아이디어를 찾아낼 수 있었다. 주민들이 얘기하는 것을 듣고 메모해놨다가 개선했다.

다른 사람이 얘기하는 것을 메모했다가 실행만 해도 좋은 성과를 올릴 수 있다. 다른 사람의 아이디어에 자신의 아이디어를 보태면 더 좋은 아이디어가 나온다. 다른 사람들이 한마디씩 하는 것을 지나가는 소리라고 무시해 버리지 말고 메모했다가 자신의 아이디어로 만들어 봐라. 메모했다가 가치가 있는 것은 반영하고 가치가 없는 것은 버리면 된다. 다른 사람들의 생각에 내 생각을 추가하면 더 좋은 아이디어가 될 수 있다.

주민에게 불편을 주는 것만 해결해 주려고 했는데 지나가는 사람들이 한마디씩 하는 것을 메모했다가 실행했더니 그네 의자를 타기 위해서 찾아오는 사람도 있고, 꽃이 예쁘다며 찾아와서 사진을 찍는 포토존도 생겼다. 벤치는 주민들의 쉼터가 되었고, 앉아 쉬면서 대화하는 장소가 되었다. 주민들이 무섭다며 찾지 않던 산책로가 주민들이 즐겨 찾는 장소로 바뀌었다.

메모하면서 하루에 한 가지씩이라도 분석하고 더 좋은 방법이나 더 쉽게 할 방법을 찾아봐라. 그치지 않고 매일 5년간 계속하면 그 분야의 최고 권위자가 될 것이다. 메모하는 습관은 아이디어를 살려주기도 하고 최고의 권위자로 만들어 주기도 한다.

사카토 토 겐지는 저서《메모의 기술》에서 메모의 7대 원칙을 다음과 같이 제시했다.

🔅 메모의 7대 원칙

① 언제 어디서든 메모하라
② 주위 사람을 관찰하라
③ 기호와 암호를 활용 하라
④ 중요한 사항을 한눈에 띄게 하라
⑤ 메모하는 시간을 따로 마련하라.
⑥ 메모를 데이터베이스로 구축하라.
⑦ 메모를 재활용하라.

네 번째

메모해야
아이디어가 자기 것이 된다

　메모한다고 해서 반드시 성공하는 것은 아니지만 매일 쓰는 메모는 성공의 길로 인도하고, 자기가 하고 싶은 일을 할수 있도록 한다. 사람들은 메모하라는 말을 들으면 메모해야한다는 데는 공감하면서도 실행하지는 않는다. 메모하면서 자신의 삶을 바꾸려고 하지 않는다. 작은 습관의 나비효과를 알지 못하고 지나가는 경우가 많다. 메모의 중요성을 무시하는 경우가 많다.

　내가 구인·구직 업무를 담당하고 있을 때 신문을 보다가 우연히 Easy Fax 광고를 봤다. Easy Fax는 한 번에 많은 곳에 동시에 Fax를 보내는 것이다. 그 당시 기업체에서는 사람을 구하지 못해서 어려움을 겪고 있고. 구직자는 취업하지 못해서 애를 먹고 있는 상태였다. 구인자는 어떤 구직자가 있는지모르고 있고, 구직자는 어느 업체에서 구인하고 있는지 모르고 있는 상태였다.

전임자는 1년에 10명도 취업을 시키지 못했다. 구직자나 구인자가 요청하면 대장에 기록하고 그 범위에서만 연결해 주려고 하니까 연결될 가능성이 거의 없다 보니 구인자와 구직자가 연결될 리가 없다. Easy Fax 광고를 보는 순간 Easy Fax를 구인·구직 업무에 활용하면 좋겠다는 생각이 들었다. 어느 업체에서 구인하고 있는지 모르지만, Easy Fax로 매주 1,000여 개의 업체에 구직자의 정보를 수집하여 제공하는 것은 의미가 있겠다는 생각이 들었다.

구직자의 정보를 구인 업체에 제공하면 취업 알선 업무에 활용할 수 있겠다는 생각이 들었다. 개인정보 보호를 위해서 구직자의 모든 정보를 기업체로 보내지 않고 구직자 정보 중 연락처나 개인정보를 제외한 내용을 매주 Easy Fax로 1,000여 개의 업체로 보냈다. 구인이 필요한 업체에서 어떤 구직자를 원한다고 하면 구직자에게 그 구인 업체의 연락처를 알려 주는 방법으로 진행했다.

개인정보 보호 때문에 모든 정보를 제공하지 못하기 때문에 공무원이 구인자와 구직자의 중간 역할을 해줘야 하니까 바쁘기는 했지만, 취업자 수는 크게 늘었다. 기업체에서도 고맙다는 전화가 왔고 구직자로부터 고맙다는 전화를 받았다. 업무수첩에 '구인·구직 도와주기'를 메모해 놓은 상황이다 보니 Easy Fax 광고를 보는 순간 구인·구직업무와 연계하면 좋겠다는 생각이 들었고 즉시 메모했다가 실행에 옮길 수 있었다. 전년에는 1년에 10여 명만 취업했으나 Easy Fax를 구인·구직 업무에 활용하여 2,600명이 취업하였다.

자신이 하는 업무를 분석하다 보면 문제점이 발견될 것이다. 문제를 발견했을 때 수첩에 메모하고 문제를 어떻게 해결할까를 고민하다 보면 생각하지 못했던 곳에서 문제를 해결할 수 있는 반짝 아이디어가 떠오를 수 있다.

반짝 아이디어가 떠오르면 빨리 메모해야 한다. 메모하면 무의식적으로 방법을 찾게 된다. 실행방법이 떠오르면 망설이지 말고 실행에 옮겨봐라. 아마 내가 구인·구직 업무를 개선해야겠다는 생각을 하지 않았거나 다른 업무를 담당했다면 Easy Fax 광고를 보면서 Easy Fax를 구인·구직 업무에 활용하겠다는 생각을 하지도 못했을 것이다. 메모하고 문제를 해결하려고 하거나 더 좋은 성과를 올리는 방법을 찾으려고 할 때 생각하지 못했던 곳에서 아이디어를 발견할 수 있다.

발명왕이라고 하는 에디슨도 3,200권의 메모 노트를 썼다고 한다. 3,200권에 기록된 아이디어가 모두 성공하지는 못했다. 생각했던 것 중 극히 일부만 성공한 것일 수 있다. 하지만 의문이 생기는 것이 있으면 메모하고, 해결방법이 생각나면 메모하면서 해결되는 것도 있고, 아무리 노력해도 해결되지 않는 것이 있을 수 있다. 혹여 해결되지 않는 것이 있더라도 생각하고 고민한 것은 다른 일을 하는 데 도움이 된다.

메모하는 것은 미래에 언젠가 필요할 것이라고 판단하여 메모하는 것이다. 메모한 것 중에 미래에 한 번도 필요하지 않았던 것이 있을 수 있다. 하지만 의문 생기는 것, 문제가 있는 것, 더 좋은 방법이라고 생각이 되는 것이 생각날 때마다 메모해보자. 업무를 추진하거나 일상생활을 할 때 무의식적으로 머릿속에 간직하고 있기 때문에 무엇을 보거나 무슨 말을 들을 때 좋은 방법이 떠오른다. 떠오를 때 바로 메모해보자. 문제가 해결될 수도 있고 성과를 올릴 수도 있다.

도로점용료 부과징수업무를 담당할 때의 일이다. 전임자는 수작업으로 도로점용료를 계산하다 보니 1월에 고지서를 발송해야 하는 정기분 도로점용료 고지서를 3월에야 발송했다고 한다. 매일 밤늦게까지 야근을 했는데도 2개월이나 걸렸다는 것이다. 그래서 1건을 내가 직접 계산기로 계산해보았더니 1건을 처리하는데 15분 정도 걸렸다. 도로점용료 산정 방식이 너무 복잡했다.

고지서를 발송하기 위해서는 도로점용료만 산출하는 것이 아니라 수납부(收納簿)도 손으로 써야 하고, 고지서도 손으로 써야 하고, 징수결의서 작성을 위한 내역서도 수작업으로 작성해야 하고, 편지봉투에 주소도 일일이 수작업으로 작성하여 발송하다 보니까 많은 노동력이 필요했다. 고지서를 먹지를 대고 눌러서 쓰다 보니 쓸 때 손이 아프다. 수납부를 정리하려고 고지서를 보면 글씨가 흐려서 잘 보이지 않아 수납번호도 확인하기가 어려워서 수납부를 정리하고 일계표를 작성하는데 많은 시간이 걸렸다.

업무처리시간을 줄이기 위해서도, 편하게 일하기 위해서도 반드시 도로점용료 부과·징수 관리시스템을 개선해야겠다는 생각이 들었다. 업무수첩에 적어 놓고 곰곰이 생각했다. 수작업으로 하는 업무를 전산화하기로 했다. 아이디어를 제안으로 제출했더니 채택되어 표창도 받고 상금도 받았다.

1개월여의 작업을 거쳐서 도로점용료 부과·징수 관리 프로그램은 만들고 현재 관리되고 있는 자료는 물론 누락 되어 있는 자료를 모두 찾아 입력했다. 수작업으로 하던 업무를 모두 전산으로 처리할 수 있게 했다. 그랬더니 밤을 새워가며 해도 3개월 걸리던 업무가 3시간이면 모두 처리가 가능해졌다. 그리고 도로점용료 수입이 매년 2억 원이던 것이 매년 14억 원으로 크게 증가 되었다.

일하면서 전임자가 했던 것을 그대로 따라 하는 사람이 있다. 길어야 1년이나 2년 있으면 다른 부서로 옮기는데 굳이 내가 바꿀 필요가 없다고 생각한다. 전임자가 하는 대로 따라 하면 업무가 개선되지 않는다. 일하면서 문제가 무엇인지 찾아내고, 문제를 해결할 방법을 찾으려고 해야 문제를 해결할 수 있다. 무엇이 문제인지 알아야 문제를 해결할 방법을 찾아낼 수 있다. 무엇이 문제인지 알기 위해서는 더 좋은 방법은 없는지 찾아야 한다. 도로점용료 부과징수업무를 담당할 때 전임자가 하던 대로 따라 했다면 나도 밤을 새워가며 3개월 동안 일해야 했을 것이다.

일하면서 업무를 분석하고 더 좋은 방법은 없는지 계속 의문을 갖고 찾으면 문제점을 발견할 수 있다. 문제가 발견되면 업무수첩에 메모하고 해결방법을 찾아야 한다. 문제를 찾으면 해결방법을 찾게 되지만 문제를 찾지 못하면 해결방법을 찾을 수가 없다. 메모하는 사람은 항상 관찰하고 분석하는 습관 때문에 문제를 찾아내게 되고, 문제를 해결하게 된다.

문제를 찾아서 해결하니까 밤을 새워가면서도 3개월 걸리던 업무가 3일로 줄어들었다. 수입도 2억 원이던 것이 14억 원으로 늘어났다. 일이 빨라졌으니 그 시간에 다른 일도 할 수도 있게 되었다. 메모하면 문제를 찾게 되고, 해결방법을 고민하게 되고 내 아이디어를 접목하여 개선하면 내 성과가 된다.

개선이 필요한 것이 있으면 메모해라. 문제가 있다면 메모해라. 메모한 것을 자꾸 보면서 해결방법을 찾아봐라. 분명 해결방법을 찾을 수 있을 것이다. 메모가 해결방법을 찾게 도와준다. 메모한 것은 문제를 해결하기도 하고, 생각하지 못했던 성과를 주기도 한다.

메모는
생각의 반응로이다

　메모하는 사람은 무엇을 할 때 왜 그렇게 되었는가? 왜 꼭 그래야만 하는가? 다른 방법은 없을까? 더 좋은 방법은 없는가? 항상 호기심을 가진다. 그리고 아이디어맨이라고 불리는 사람들은 대부분 호기심이 많다는 것이다. 호기심과 상상력이 접목될 때 비논리적이고 비상식적인 발상이 나온다. 고정관념을 버려야 다른 생각을 할 수 있게 되고, 다른 방법을 찾을 수 있다.

　과거에 했거나 현재 진행하고 있는 일과 관련된 아이디어가 떠오를 때가 있다. 일하면서 더 좋은 방법을 찾으려고 했었는데 방법을 찾지 못했거나, 방법을 찾았더라도 더 좋은 방법이 있을 것 같다는 아쉬움이 있었기 때문일 것이다. 이렇게 아이디어가 떠오르는 것은 그때의 느낌이 항상 의식 속에 남아 있기 때문이다.

　반대로 현재 하는 일과는 전혀 관련이 없지만, 이것은 참 좋은 아이디어라는 생각이 드는 것도 있다. 지금 당장 필요하지 않은 아이디어라고 하더라도 메모해두면 필요할 때 활용할 수 있다. 지금 당장 필요하지 않은 것이라도 잘 메모하면 지금은 실행할 수 없지만 언젠가는 요긴하게 쓸 때가 있다. 현재 진행하는 일과 관련이 없는 것은 제안하여 개선할 수도 있다.

진행하는 일과 관련된 문제를 해결하기 위해서는 세밀하게 관찰하고 분석하면서 문제점이 무엇인지부터 찾아내야 한다. 문제를 해결하기 위해서는 문제를 찾아 노트에 메모해야 한다. 메모하면 메모하는 순간 뇌에 전달된다. 뇌에 전달되면 무엇을 보든 무의식적으로 문제 해결방법을 생각하게 된다. 생각하며 생활하다 보면 어느 순간 해결방법을 찾게 된다.

고정관념이 강한 사람은 아이디어맨이 될 수 없다. 아이디어맨이 되려면 문제의식을 온몸으로 느껴야 한다. 융통성 있는 발상을 해야 한다. 우리 안에는 무한한 것들로 가득하다. 우리가 그것을 모르고 있을 뿐이다. 아무도 그것을 끄집어내려 하지 않으려고 할 뿐이다. 우리 안에 있는 것을 끄집어내려는 자세가 필요하다. 메모하는 것이 아이디어를 끄집어내는 시작이고, 문제 해결의 시작이다.

동장으로 근무하면서 오이도에 사는 주민 13명과 함께《오이도 마을 이야기》라는 책을 만들면서 책에 담을 내용을 논의

한 후 각자에게 하나씩의 주제를 정해주고 10포인트로 A4용지 10매 이상 써오라고 했다. 책을 만들기 위해서는 각자에게 맡겨진 주제에 대한 글을 일정 분량은 채워야 하는데 분량을 채우지 못하는 사람이 도와달라고 했다. 그래서 오이도 토박이 한 사람을 불러 나와 이야기를 나누는 것을 들으며 정리하라고 했다.

이야기가 끝난 후 오이도에 살지도 않았으면서 어떻게 오이도에 대해 그렇게 잘 아느냐고 했다. 내가 오이도를 잘 아는 것이 아니라 토박이가 하는 말을 들으며 궁금한 내용이 있어서 자꾸 물었을 뿐이다. 질문하면 내가 물어보는 내용에 관해서도 얘기하지만, 내가 묻지 않은 것에 관해서도 얘기한다. 내가 오이도에 대해 잘 알고 있었던 것이 아니라 궁금한 것이 있어서 묻고 또 물었을 뿐이다.

우리가 호기심을 갖고 세심하게 살피면 문제를 찾아낼 수 있을 뿐만 아니라 문제를 해결할 방법도 찾아낼 수 있다. 문제를 찾을 때나 문제를 해결하고 싶으면 호기심을 갖고 끊임없이 관찰하는 것이 필요하다. 호기심을 가지면 문제의 반은 해결되었다고 보면 된다. 길을 가다가도 궁금한 것이 있으면 메모해야 한다. 일하다가도 문제가 있거나 궁금한 것이 있으면 메모해야 한다. 메모한 것은 무의식적으로 문제를 찾아내게 되어 해결방법을 찾게 되어있다.

문제를 찾아내면 문제 해결에 도움이 되는 자료를 수집하게 된다. 문제를 메모하고 머릿속에 문제를 해결해야 한다는 생각을 들어 있으면 무슨 일을 하거나, 무엇을 보거나, 무엇을 들어도 문제 해결과 연결하게 되어있다. 인터넷을 검색하거나 책을 읽으면서도 문제 해결에 도움이 될 것 같은 생각이 들면 메모해야 한다. 신문을 보거나 일상생활을 하거나 누구와 대화를 나누면서도 문제 해결에 도움이 될 것 같은 아이디어가 있으면 메모해야 한다.

나는 문제를 찾거나 해결방법을 찾거나 생각을 정리할 때 마인드맵을 활용한다. 마인드맵은 영국의 전직 언론인 토니 버전이 주장하여 유럽에서 선풍을 일으킨 이론이다. 성공의 비결로 기록하는 습관을 벌여야 한다는 이론이 유럽의 여러 기업에서 각광을 받았다.

마인드맵은 아이디어를 찾아내는 데 도움이 된다. 메모하고 메모를 다시 보다 보면 서로 충돌시키기도 하고, 합치기도 하면서 문제 해결 방법을 찾아낸다. 전혀 생각하지도 못했던 것을 생각해낸다. 어떤 아이디어는 모으면서 새로운 아이디어가 되고, 어떤 아이디어는 빼내면서 새로운 아이디어가 된다. 새로운 아이디어가 생각날 때마다 적어가다 보면 해답을 찾아낼 수 있다.

메모했다고 해서 메모한 것이 모두 도움이 되는 것은 아니다. 어떤 아이디어에는 살을 붙여야 하고, 어떤 아이디어에는 뼈대를 세워야 할 때가 있다. 메모한 아이디어를 글로 정리하다 보면 살을 붙이게 되고, 뼈대를 세우면서 불필요한 것은 버리게 되어 있다. 버리면서 새로운 아이디어가 떠오를 수도 있다. 아이디어가 정리되면 실행에 옮기면 된다.

국민의 관점에서 생각하며 살고 있어 아이디어맨이라고 불리는 마포구청 진경섭씨는 늘 문제의식을 느끼며 생활한다고 했다. 업무를 추진하면서 과거에 추진하던 업무를 답습하려고 하지 않고 개선하려고 했다고 한다. 모방은 제2의 창조라고 생각하며 사물을 보면서 관찰했다고 한다. 아이디어가 모방에서 나온다고 했다. 개선하려는 생각을 가지고 좋은 것을 보면 적용해보고 싶은 생각이 들게 마련이다.

일하면서 전임자가 하는 것을 따라가려고만 하지 말고 업무 처리시간을 줄일 방법은 없을까? 좀 더 편하게 할 방법은 없을까? 더 많은 성과를 올릴 방법이 없을까? 고민하고 고민하면 모두 다 해결하지 못할 수도 있지만, 일부라도 해결할 수 있다. 다 해결하지 못하더라도 해결한 만큼 처리시간을 줄일 수도 있고, 편해질 수 있으며 성과를 올릴 수도 있다.

개선하면 처리시간을 줄일 수 있고, 바꾸면 편하고 성과를 올릴 수 있는데 사람들은 바꾸려고 하지 않는다. 바꾸는 것을 두려워한다. 구태여 내가 바꿀 필요가 없다고 생각한다. 자신이 하는 일에 호기심을 가져야 메모가 생각의 반응로가 된다. 호기심을 갖고 관찰해야 문제를 발견할 수도 있고 문제를 해결하는 방법을 찾아낼 수도 있다.

큰 것이 되었든지 작은 것이 되었든지 아이디어가 떠오르면 메모하자. 메모하는 것을 습관으로 만들어보자. 메모하면 아이디어가 나오고, 문제가 해결된다. 아이디어는 또 다른 아이디어를 만든다. 메모는 생각의 반응로이다. 문제를 발견하면 언제 어디서 무엇을 하든지 해결방법을 고민하게 된다. 고민하다 보면 해결방법을 찾게 되어 있다.

아주 하찮게 여겼던 아이디어 하나가 큰 성과를 거두는 일도 있다. 메모하면서 생각하는 시간을 가져보라. 거꾸로 놓고 생각해 보기도 하고, 옆으로 놓고 생각해 보기도 해봐라. 생각나는 것은 모두 적어봐라. 생각이 생각을 만들어 내면서 문제를 해결할 방법을 찾아낸다.

여섯 번째

아이디어는
호기심에서 시작된다

　제안제도를 운영하는 곳은 많다. 공공기관에서도 운영하고 일반기업체에서도 운영한다. 일반기업체에서는 크건 작건 회사에 이익이 되는 것은 바로 채택한다. 공직사회에서는 제안을 제출하면 관련 부서의 의견을 듣는다. 제안이 채택되면 자기들에게 일이 생기기 때문에 관련 부서에서는 부정적인 의견을 낸다. 회사에서는 회사에 이익이 생기면 제안을 채택하는데 공직사회에서는 업무처리시간을 단축하고 주민들에게 도움이 되는 사항도 건의사항이라거나 단순 업무개선이라며 제안으로 채택하지 않으려고 한다. 그러다 보니 제안해봐야 채택되지 않을 것인데 제안서를 제출하면 뭐하냐는 생각을 갖게 한다.

　제안을 활성화하기 위해서는 생산성을 향상하거나 주민들에게 도움이 되거나 좋은 아이디어는 채택해야 한다. 작은 것이라고 하더라도 제안자에게 인센티브를 주어 제안하고 싶은 생각이 들게 해야 한다. 제안을 실행하는 담당자에게도 인센티브를 주어 좋은 아이디어가 사장되지 않도록 해야 한다. 검토하는 부서에서는 자신에게 일이 생긴다는 이유로 제안을 채택하지 않으려고 하지 말고 좋은 의견이라면 채택하고 검토하면서 검토자의 아이디어를 추가한다면 더 좋은 결과물이 만들어질 것이다.

내가 제안한 것 중에 채택되어 상을 받으며 상금을 받은 적도 있지만, 단순한 건의라거나 실현 가능성이 없다는 이유로 채택되지 않았던 것이 더 많다. 그렇지만 나중에 보면 내가 제안했던 것들이 실행되는 것을 볼 때가 있다. 도로변에 현수막 게시대가 높게 설치되어 있으니까 현수막을 설치할 때도 힘들고, 태풍이 불 때는 넘어지기도 해서 낮은 현수막 게시대를 설치하자고 제안했더니 실무 부서에서 실현 가능성이 없다는 의견을 내서 채택되지 않았다. 그러나 그 후 언제부터인가 높은 현수막 게시대가 아닌 낮은 현수막 게시대가 설치되고 있었다.

아이디어를 발굴하려면 다른 사람들의 아이디어를 순수하게 받아들이려고 하고 수용하려는 자세가 필요하다. 내가 제출한 제안이 채택되어 업무처리시간을 크게 단축하기도 했고, 일을 편하게 할 수 있도록 했고, 수십억 원의 세외수입을 올리기도 했다. 내가 실행하는 동안 잠깐 힘들기는 했지만,

결과적으로 나도 편했고, 후임자들에게도 편했다.

　월마트 창업자 샘 월튼은 기업 경영에 관한 수많은 아이디어를 냈음에도 정작 본인은 자신의 머리로 낸 것은 하나도 없다고 한다. 그는 아이디어를 훔치고 빌려왔다고 말한다. 그는 다른 사람들의 말을 흘려듣지 않고 메모하면서 다른 사람들의 아이디어를 적극적으로 수용했기 때문에 성공했던 것이다.

　문제를 해결하려고 아무리 노력하고 고민해도 해결되지 않던 것이 누구와 이야기를 나누다가 답을 찾을 수도 있고, 다른 사람이 이야기하는 것을 들으면서 찾을 수 있다. 내가 찾지 못했던 답을 다른 사람들이 찾아주는 것이다.

　자동차를 운행하는 자는 정기검사를 받게 되어 있다. 정기검사를 받지 않으면 과태료가 부과된다. 검사를 받아야 할 시간이 많이 지나면 최고 30만원의 과태료가 부과된다. 과태료가 부과되면 자신이 정기검사를 받지 않고 고지서를 가지고 와서 왜 검사안내문을 보내지 않고 과태료를 부과하느냐며 거세게 항의한다. 의무는 아니지만 매일 검사안내문을 출력하여 보내고 있고, 검사안내문 발송 내역을 출력하여 보관하고 있기에 자신 있게 보내고 있다고 했다. 그랬더니 근거를 보여 달라고 했다.

　검사안내문 발송 내역을 꺼내서 보낸 근거를 아무리 찾아봐도 없었다. 그래서 검사시한이 언제인지 확인했더니 일요일이었다. 담당자에게 일요일이 만기인 자동차의 검사안내문을 출력시켜 보라고 하니까 담당자는 일요일이 만기인 차량은 토요일에 한꺼번에 나온다고 했다. 그래도 한번 출력해보라고 하니까 일요일이 만기인 차량 내역이 토요일에 나온다며 출력시키려고 하지 않았다. 자꾸 출력해보라고 하니까 마지못해 일요일분을 출력시켰더니 평일분과 똑같은 양이 나왔다. 이때까지 일요일에 출력해야 하는 대상자에게는 검사안내문을 보내지 않았던 것이다.

검사안내문을 매일 보내다 보면 휴일일 경우 휴일에 해당하는 차량에 대해서는 검사안내문을 보내지 않을 수도 있으니까 매일 출력하지 말고 한 번 출력할 때 일주일 분을 출력하여 보내라고 했다. 그리고 검사 기간이 지나도 검사를 받지 않은 차량은 일주일 이내에 검사경과 안내문을 등기로 발송하라고 했다. 그랬더니 직원은 비용을 어떻게 감당하려고 하느냐고 했다. 비용은 내가 어떻게든 마련할 테니까 보내라고 했다. 그 이후에는 검사과태료 관련 민원이 거의 없어졌다.

전임자가 하던 업무를 그대로 답습하지 말고 끊임없이 개선방법을 찾아야 한다. 민원이 생기면 왜 민원이 생기는지 원인을 찾아야 한다. 처리시간이 많이 걸리면 왜 시간이 많이 걸리는지 원인을 찾아 처리시간을 줄일 방법을 찾아야 한다. 이용하기 불편하면 편하게 이용할 방법을 찾아야 한다. 끊임없이 호기심을 갖고 문제를 찾으려고 해야 한다. 문제가 발견되면 메모하고 다시 보면서 해결방법은 없는지 고민해야 한다. 메모한 것을 다시 보면서 고민하면 답은 나오게 되어 있다. 더 좋은 방법은 없는지 고민하면 더 좋은 방법을 찾을 수 있다.

미국의 발명가 에디슨은 초등학교에 입학했으나 3개월 만에 퇴학을 당했다. 하지만 에디슨은 일생 동안 '천재란 1%의 영감과 99%의 땀이다'라는 창조의 신조를 가지고 살았다고 한다. 그는 세계에서 가장 많은 것을 만든 발명가다. 백열 전기 램프, 영사기, 축음기 등 1,093개의 발명품을 남겼다. 좋은 아이디어나 사업 아이템이 없어서 성공하지 못하는 것이 아니라 아이디어를 보는 안목이 부족해서 아이디어를 활용하지 못하는 경우가 있다.

좋은 아이디어를 생각하려고만 하지 말고 관찰하면서 개선할 것이 무엇인지, 문제는 무엇인지 찾아내는 것이 좋은 아이디어를 찾는 가장 좋은 방법이다. 메모하면서 해결방법을 찾으려는 노력을 해봐라. 남이 하는 일이라도 조금만 달리 생각하면 나에게 필요한 좋은 아이디어가 될 수 있다. 남이 일하는 모습을 관찰하면서 좋은 아이디어가 있다면 메모하라. 내가 활용할 수 있는 방법을 찾아봐라.

　무슨 일을 하든지 호기심을 갖고 관찰하는 것이 필요하다. 더 좋은 방법은 없는지? 더 편한 방법은 없는지? 문제를 해결할 방법은 없는지? 호기심을 가지면 문제를 발견할 수 있고, 문제를 발견하면 해결방법을 찾을 수 있다.

사소한 것이
좋은 아이디어가 된다

좋은 아이디어 한 개는 멍청한 아이디어 100개에서 나온다는 말이 있다. 실행하는데 과분한 아이디어라면서, 현실에 맞지 않는다면서, 생각했던 것처럼 잘되지 않을 것 같아서, 다른 사람의 핀잔을 받을 것 같아서, 너무 사소한 것이라는 생각이 들어서 메모하지 않고 버린다. 사람들이 아이디어를 살리지 못하고 쓰레기통에 버린다.

스스로 너무 엄한 기준으로 아이디어를 판단하면 좋은 아이디어가 버려질 수 있다. 좋은 아이디어를 얻는 가장 좋은 방법은 많은 아이디어를 생각하는 것이다. 긍정적인 감정을 가져야 더 유연하게 된다. 긍정적인 생각을 가져야 창의적인 사고를 하게 되고 좀 더 행복하게 살 수 있다. 생각나는 아이디어는 모두 메모하라. 그리고 메모를 보면서 아이디어를 활용할 방법을 찾아라.

내가 생각해내는 아이디어는 대부분 내가 과거에 맡았던

업무나 현재 담당하는 업무와 관련이 있다. 과거에 일하면서 어려움을 겪었던 것은 그때 해결방안을 찾지 못해 어려움을 겪었었는데 이런 방법을 썼으면 좋았겠다는 생각이 떠오를 때가 있다. 지금 내가 담당하고 있는 업무는 내가 직접 개선하면 되는데 전에 담당했던 업무를 개선하기 위해서 제안하면 채택되지 않는 경우가 많다.

내가 경험한 바로는 다른 사람이 하는 업무를 개선하는 것보다 현재 내가 추진하고 있는 업무를 개선하는 것이 좋다. 다른 부서의 업무와 관련된 것은 제안으로 채택되어야 개선할 수 있지만, 내가 담당하고 있는 업무는 제안으로 제출하지 않아도 된다. 제안으로 채택되지 않아도 아이디어만 있으면 바로 개선할 수 있고, 업무에 활용할 수도 있다. 더 좋은 아이디어가 생각나면 바로 업무에 적용할 수 있다.

너무 큰 것만을 생각할 필요도 없고, 너무 작다고 무시하지도 마라. 개선이 필요한 것이 있으면 메모하고 개선할 방법을 찾아라. 작은 것이라고 해도 실행해서 도움이 되는 것이면 실행하라. 작은 효과가 모이다 보면 큰 효과로 연결되는 것이다. 사소한 아이디어가 좋은 아이디어가 될 수 있다.

아주 작고 사소한 아이디어라도 개선하면 업무를 편하게 해줄 수도 있고, 일의 능률을 올릴 수도 있다. 지방세 관련 업무가 전산화가 되기 전의 일이다. 전산화가 되기 전에 업무를 하다가 지방세 과세증명서를 발급받으러 오면 일을 중단하고 30분 정도 자료를 찾아야 했던 적이 있다. 자료가 가나다 순서로 되어 있는 것도 아니고 어떤 체계도 갖춰지지 않아서 찾는데 시간이 오래 걸렸다. 개선해야겠다는 생각이 들어 복사용지를 잘게 잘라 리스트를 만들기 시작했다.

평소에 하던 일을 하지 않고 종이를 잘라 리스트를 만드는 일을 하고 있으니까 담당 팀장이 뭐 하는 거냐고 했다. 일주일 정도 진행하니까 마무리되었다. 가나다 순서로 고무줄로 묶어서 책상 서랍에 넣어 놓고 지방세 과세증명서를 발급받으러 민원인이 오면 리스트를 꺼내 2분 이내에 발급해줬다. 못마땅해 하던 팀장도 내가 없을 때 민원인이 오면 내가 만들어 놓은 리스트를 꺼내서 지방세 과세증명서를 발급해줬다.

리스트를 만드는 일이 큰일이 아니었지만, 일하다 보니까 개선해야겠다는 생각이 들어 업무수첩에 메모해 놓고 방법을 찾았다. 컴퓨터에 저장되어 있다면 Ctrl + F를 누르고 필요한 단어를 입력하고 검색하면 금방 찾을 수 있는데 당시에는 컴퓨터가 지급되지 않은 상태여서 리스트를 만들어 가나다 순서로 정리하는 방법을 생각해냈다.

만드는 과정도 매일 조금씩 하다 보니 업무에 부담되는 일은 아니었다. 잠시 틈새의 시간을 활용하여 만들어 놓았더니 여러 사람이 잘 활용했다. 리스트를 만들면서 팀장에게 핀잔을 들었지만, 나중에는 팀장도 내가 만들어 놓은 리스트를 이용했다. 업무를 추진하면서 내가 편해지고 직원들이 편해지는 방법을 찾았다.

사소한 것이라고 무시하지 말자. 작은 것이라도 개선하면 그만큼의 효과가 있다. 작지만 개선된다는 데 의미가 있다. 사소하다고 무시하면서 하지 않는 것보다 작은 것이라도 찾아서 개선하는 것이 필요하다. 다른 사람들이 하는 일을 개선하는 것보다 자기가 현재 하는 업무를 개선하는 것이 실행 가능성이 크다.

조금만 개선하면 편한데 개선하지 않으려고 한다. 차량등록 업무를 담당할 때 하루에도 수백 대의 차량등록 업무가 이루어지고 있어 하루에 생산되는 문서가 많았다. 문서를 쌓아 놓을 수 없으니까 플라스틱 박스에 담아서 쌓아 놨다. 업무를 처리하면서 이따금 이 등록서류를 봐야 할 때가 있다. 서류가 플라스틱 박스에 담겨 있어 서류를 찾는데 한 시간 이상 걸릴 때가 많았다. 그리고 박스에 담긴 서류를 하나하나 꺼냈다가 담았다 해야 해서 육체적으로도 힘들었다.

담당자도 담당 팀장도 개선방법을 찾으려고 하지 않았다.

민원이 발생하면 한 시간 이상 고생해서 서류를 찾아서 민원을 해결했다. 메모했다가 자신이 해결할 수 있으면 해결하고, 자신이 해결할 수 없으면 누구에겐가 도움을 청해서 해결해야 하는데 자신이 근무하는 동안에는 개선하지 않고 그냥 그렇게 하다가 다른 부서로 가려고 한다. 문제를 발견했으면 문제를 해결하려고 해야 하는데 그런 시도를 하지 않는다. 길어야 일, 이년 있으면 다른 부서로 옮길 것인데 뭐 하러 내가 그 일을 하느냐고 생각한다.

선반을 만들어 발생 순서대로 정리해 놓으니 서류를 정리하는 것은 힘들었지만, 그 이후 서류를 찾는 데 1분도 걸리지 않았다. 본인도 편하고 업무대행자 등도 편해졌다. 앞으로 근무하게 될 후임자들도 편하게 일할 수 있게 되었다. 직원은 부족한데 서류를 찾는데 1시간을 사용하면 일은 쌓이고 민원인도 불편하다. 개선하면 업무처리시간을 줄일 수 있고 민원을 신속하게 처리할 수 있어 민원인도 좋다.

사소한 것이라고 무시하면 개선할 것이 없을지 모른다. 해결을 후임자에게 미루다 보면 아무리 작고 사소한 일이라도 개선되지 않는다. 작은 일이라도 문제를 발견하는 즉시 해결하는 것이 필요하다.

여덟 번째

기억을 붙들어 주는 것이
메모다

　신이 인간에게 준 최고의 선물이 망각이라는 말이 있다. 망각은 힘들게 하는 것도 있지만, 새롭게 시작할 수 있도록 돕기 때문이다. 에빙하우스의 망각곡선에 나타나는 것처럼 기억은 시간이 지나면서 잊히게 되어 있다. 기억하지 않아도 되는 것만 망각이 일어나는 것이 아니라 기억해야 하는 것들도 같이 망각이 일어난다. 망각을 늦추기 위해서는 반복된 학습을 해야 한다. 기억을 붙들기 위해서는 메모하면서 반복된 학습을 해야 한다.

　메모하지 않을 때는 잊어버리는 것이 많았고 중요한 것을 놓치는 경우가 많았다. 메모할 때는 핵심 단어나 단편적인 생각을 요약해서 정리한다. 그러다 보니 나중에 메모한 것을 다시 보며 당시의 상황을 기억해 내려고 할 때 기억나지 않아서 메모한 것을 활용하지 못한 적이 있다. 메모한 것을 보면서 무슨 내용인지 모르면 메모하는 의미가 없다.

메모하면 사소한 것도 좋은 아이디어가 된다

메모한 것은 언제 보더라도 무슨 내용인지 알 수 있도록 정리해야 한다. 간단하게 메모한 것을 수첩에 정리할 때는 자기의 생각을 보태고 살을 붙여 더 많은 내용을 적는다. 그래서 언제든지 메모를 보면 과거를 되돌아볼 수 있어야 한다. 일기를 쓰면서 일일계획을 수립하고 하루 동안 계획했던 것을 이행했는지 적으며 반성하는 시간도 갖는 것이 필요하다.

행복했던 순간이 많으면 인생을 살아가며 힘들 때 위로되고 힘이 된다. 기록한 것을 보면서 행복했던 순간을 생생하게 기억할 수 있도록 그때의 감정이나 상황을 자세하게 기록하고 사진이나 다른 추억거리들도 같이 보관하면 힘들 때 들춰보며 한때 이렇게 행복했던 때가 있었다는 떠 올릴 수 있다. 작은 것이라도 행복의 경험은 많으면 많을수록 힘들고 어려울 때는 극복할 힘이 되고 오랫동안 행복을 유지할 수 있다.

조선조 정조 4년에 박지원이 청나라 건륭황제의 70세 생신을 축하하기 위한 외교사절단에 참가하여 중국을 다녀올 기회가 있었다. 그해 음력 5월 말 한양을 출발해서 압록강을 건넌 뒤 요동벌판을 거쳐, 8월 초 북경에 도착했다. 그런데 예기치 않았던 건륭황제의 특명으로 만리장성 너머 열하까지 갔다가, 다시 북경으로 돌아와 약 한 달 동안 머문 뒤 그해 10월 말에 귀국했다. 당시 박지원이 세계적인 대제국으로 발전한 청나라의 실상을 직접 목격하고 이를 생생하게 기록한 여행기가 바로 《열하일기》다.

《열하일기》는 박지원이 여행 도중 쓴 글이 아니다. 귀국 후 여러 해 동안 여행 도중 적어둔 비망록을 바탕으로 생각을 키워 완성했다. 만일 박지원이 메모하지 않았더라면 열하일기는 없었을 것이다. 지금은 메모하려면 조그마한 수첩과 간단한 필기구 하나만 있으면 메모할 수 있지만, 그 당시에는 먹을 갈아야 글을 쓸 수 있어서 좋은 것을 보고, 좋은 생각이 떠올라도 바로 메모할 수가 없었다.

그러한 상황 속에서도 박지원이 메모하고 글을 정리하여 책을 남긴 것은 정말 대단한 일이다. 메모하고 그것을 정리하여 책을 쓰는 사람들은 자신은 물론 다른 사람들도 생각하는 사람이다. 자신만 보려면 책을 만들지 않았을 테지만 책을 쓰면 다른 사람들도 자신이 본 것을 볼 수 있다. 자신의 아이디어를 다른 사람들이 활용할 수 있다.

나는 2017년 여름 우리나라 해안가 도보여행을 다녀온 적이 있다. 도보여행하며 언제든지 적어야 할 것이 있으면 적을 수 있도록 조그마한 수첩과 필기구, 스마트 폰을 허리에 차는 작은 가방에 넣어 다니며 메모하고 스마트 폰으로 사진도 촬영했다. 그리고는 저녁에는 메모한 내용을 보면서 페이스북에 여행기를 올렸다. 여행하면서 사진을 많이 촬영하였지만, 48일간의 도보여행이 끝나고 여행을 다녀왔던 것을 정리하려고 보니까 사진만 봐서는 어디인지 생각나지 않았다.

사진만으로 생각나지 않을 때는 메모한 수첩과 매일 페이스북에 올린 글을 들춰보니까 그때의 상황이 되살아났다. 도보여행을 정리했던 것을 읽으면 뿌듯하면서도 아쉬움이 남는다. 삼복더위에 하루 40㎞ 이상 걷는 것에 중점을 두지 않고 봄이나 가을철에 시간적 여유를 가지며 좀 더 많은 추억을 담아왔더라면 더 좋았을 것 같은 생각이 든다.

여행하면서 가능하면 짐을 줄이라고 하여 카메라를 가져가지 않고 스마트 폰 카메라로 사진을 촬영했다가 저녁에 태블릿 PC에 옮겨 저장하던 중 조작을 잘못하여 그날 촬영했던 사진을 다 날린 날도 있었다. 디지털카메라를 사용하면 편리한 점도 있지만, 잠깐의 실수로 기록을 한순간에 모두 날려버리는 단점도 있다. 물론 복구를 할 수 있기는 하지만 복구하는데 비용이 들어간다.

사진을 날렸다고 다시 돌아가서 걷기가 쉽지 않다. 여행하며 촬영한 사진은 날아가면 다시 여행하며 촬영할 수 있지만 다른 사람이 말하는 내용이 생각나지 않을 때는 다시 말해달라고 할 수 없다. 강의를 듣는 현장에 가면 메모하면서 녹음도 하는 사람들을 볼 수 있다. 강사가 하는 말을 놓치지 않기 위해서다. 메모하면 필요할 때 언제든지 꺼내 볼 수 있고, 녹음한 내용을 재생하면 그때 상황을 더 생생하게 느낄 수 있다.

행복했던 일이나 필요한 정보를 오랫동안 간직하고 싶으면 메모해야 한다. 메모하면서 그때를 떠 올릴 수 있는 사진 자료나 관련 자료도 함께 남기면 오래오래 기억할 수 있고 좋은 추억으로 간직할 수 있다. 그때의 추억을 생생하게 기억할 수 있다.

메모할 때는 몰랐지만 메모는 나를 지켜주고, 나의 인생을 지켜줬다. 지금은 사소하지만 사소한 것들이 쌓이고 쌓이면 분명 많은 도움이 될 때가 온다. 메모하면 하고 싶은 것을 하며 살 수 있고, 인생을 즐겁게 살 수 있다. 그리고 행복한 경험을 오랫동안 간직할 수 있다. 행복한 경험을 잘 정리해서 기록해 놓으면 인생을 살아가며 힘들 때 위로가 되고 힘이 된다.

글을 쓸 때는 몇 번 읽으며 수정하며 완전하게 작성한 것 같지만 나중에 다시 읽을 때마다 부족한 부분이 발견된다. 이제 됐다는 생각이 드는데도 며칠 있다가 다시 읽으면 또, 다시 수정해야 하는 부분이 발견된다. 좋은 아이디어라고 하더라도 자꾸 생각을 보태면서 좋은 아이디어가 된다. 기회가 있을 때마다 메모한 것을 자꾸 읽어보면서 수정하는 시간을 가지면 좋은 내용이 되고 머릿속에도 오랫동안 기억된다. 이렇게 기억하는 것은 오랫동안 기억 속에 남는다.

메모하면 아이디어를 오랫동안 붙잡아주고 실행할 수 있도록 도와준다. 기억해야 할 것이 잊히는 것을 붙잡아 준다. 잊어버릴까 봐 염려하지 않아도 된다. 메모는 행복한 경험을 오랫동안 기억할 수 있어 행복하게 살 수 있다. 행복한 경험은 삶의 활력소가 되고 마음을 편하게 만들어 준다.

메모는
꿈을 이루게
한다

메모는 자꾸 봐야
효과가 있다

　살아오면서 메모하라는 얘기를 수없이 들어왔고, 일기를 쓰라는 얘기를 많이 들어왔다. 내가 많이 들어왔던 것처럼 여러분도 많이 들어왔을 것이다. 메모하면 인생이 바뀐다고 하는데 메모를 열심히 했는데도 변하는 것이 없다고 하는 사람이 있다. 메모했는데도 변하는 것이 없다고 하는 사람은 메모하고 메모를 보지 않는 사람이다. 메모는 나중에 보고 삶에 접목하려고 쓰는 것인데 메모만 하고 다시 보지 않았으니 변할 수 있을까? 메모하는 것으로 끝내지 말고 메모한 것을 자주 봐야 한다.

　다시 보지 않을 것이라면 메모할 필요가 없다. 메모하는 것도 중요하지만, 메모한 것을 정리하고 다시 보는 것이 더 중요하다. 나중에 다시 보려고 메모하는 것이고, 미래에 도움이 되게 하려고 메모하는 것이다. 메모하고도 메모한 것을 기억하지 못할 때가 있다. 메모만 했지 메모한 것을 보지 않고, 메모한 것을 활용하지 않기 때문이다. 열심히 메모하고도 활용하지 못하고 그냥 버려두는 경우가 있다. 물론 메모한 것 중에 버릴 것도 있지만, 메모한 것을 자주 보면서 활용하려는 노력이 필요하다.

메모는 완성된 문서나 기록이 아니라 잊어버리지 않기 위해서 잠깐 기록해 두는 것이다. 잊어버리지 않기 위하여 머리에 떠오르는 것을 즉시 적어야 하는 것이 메모의 법칙이다. 메모해놨다고 내 것이 되는 것이 아니다. 메모한 것이 내 것이 되게 하려면 메모한 것을 다시 봐야 한다. 언제 다시 보더라도 그때의 상황을 떠올릴 수 있도록 정리해야 한다. 오랫동안 기억해야 하는 것은 보고 또 봐야 한다.

누구에게나 꿈이 있고, 하고 싶은 일이 있다. 꿈은 자주 봐야 실현될 확률이 높다. 자주 보기 위해서는 무의식적으로 자주 볼 수 있는 곳에 있어야 한다. 일기를 쓰는 사람은 일기장 맨 앞에 꿈의 목록을 기재해 놓고 매일 일과를 시작하기 전에 보고 마음을 다져야 한다. 꿈 중에는 꿈이 이루어지는 데 오랜 시간이 걸리는 것이 있다. 시간이 오래 걸리더라도 매일 꿈의 목록을 보면서 꿈을 이루고자 마음을 다진다면 꿈은 이루어진다.

너무 멀리 있는 꿈이나 목표는 바라보면서도 달성될 것으로 생각하지 못한다. 꿈이 이루어질 가능성에 대해 확신하기 어렵다. 꿈이나 목표를 달성하기 위해서는 다가가는 모습이 느껴져야 한다. 목표를 달성하기 위해서는 조금씩이라도 목표에 다가가는 모습을 볼 수 있도록 해야 한다. 목표를 달성하기 위해서 목표로 가기 위한 실행단계를 정하고 한 단계 한 단계 다가가도록 하는 것이 필요하다. 한 단계 한 단계 다가고 있다는 것이 느껴지면 꿈에 대한 확신을 가질 수 있다.

꿈은 평생에 하고 싶은 것이다. 꿈 중에는 쉽게 이루어지는 것도 있지만 죽는 날까지 이루어지지 않는 것도 있다. 꿈을 이루기 위해서 꿈을 이루어 나가는 것을 여러 단계로 쪼개서 1년에 달성이 가능한 것을 1년 목표로 정해놓고 1년 목표를 매일 볼 수 있는 곳에 붙여 놓고 꿈을 향해서 조금씩 나가면 꿈에 조금씩 다가갈 수 있다.

나는 16년 이상 프랭클린 planner를 써왔고 36년간 공무원 업무수첩을 써왔다. 오랫동안 해온 메모는 나를 지키는 데는 많은 도움을 주었지만 내 인생을 바꾸지는 못했다. 일기를 쓰면서 나쁜 길로 가는 것을 막았지만, 내 꿈을 키우는 데는 사용하지 못했다. 꿈을 어떻게 달성할 것인지 꿈을 달성하는 도구로 활용하지는 못했다.

지인 중에 자기는 꿈의 목록이 아니라 1년에 하고 싶은 것

10가지를 정해놓고 산다고 했다. 참 좋은 방법이라는 생각이 들어 평생의 꿈만 매일 볼 것이 아니라 1년에 해야 할 일 10가지를 정해놓고 매일 한 번 이상 보기로 했다. 1년 목표를 꿈을 이루는 도구로 활용하기로 했다.

꿈의 목록에 있는 것 중에는 이미 달성된 것도 있지만 달성하지 못한 것도 많다. 1년에 달성이 가능한 것을 1년 목표로 정하고 매일 일기를 쓸 때마다 바라보니까 1년 목표가 100% 만족스럽게 달성되지는 않았지만, 1년 목표 대부분이 달성되었다. 진작 이런 방법을 활용했더라면 더 만족스러운 삶을 살 수 있었을 텐데 하는 생각이 들었다.

나는 오늘 꼭 해야 하는 것은 일일계획에도 기록하지만, 포스트잇에 메모하여 스마트 폰 케이스에도 붙여 놓는다. 혹 바쁘게 생활하다가 잊어버리지 않기 위해서다. 하루에도 최소한 몇 번은 스마트폰을 꺼내 보게 되기 때문에 포스트잇에 메모한 것을 볼 수밖에 없다. 이렇게 하니까 포스트잇을 보면서 오늘 꼭 해야 하는 것을 잊어버리지 않고 꼭 챙기게 되어 좋다.

이제는 일정표만 작성하는 것이 아니라 하루를 시작하며 일일계획을 작성하고 하루를 보내며 매일 해야 할 일을 이행했는지 점검한다. 하루를 무의미하게 보내는 것이 아니라 내가 계획한 대로 살아가려고 하고 있다. 내일은 무엇을 할 것인지를 생각하며 살아간다.

꿈의 목록이나 1년 목표를 만들어 자주 볼 수 있는 곳에 놔두고 매일 볼 수 있도록 해보자. 일기를 쓰는 사람은 일기장 앞에 붙여 놓고 일기를 쓰기 전에 보면서 다짐해보자. 책상 앞이나 식탁 앞에 붙여 놓고 매일 바라보면서 다짐해보자. 책상이나 식탁 앞에 붙여 놓은 것은 가족도 같이 보게 된다. 가족에게 공표하면 달성하려는 마음을 더 다지게 된다. 가족이 응원해주면 힘이 되고, 목표를 달성하는 데 도움이 된다.

요즈음은 누구나 가지고 있는 스마트 폰을 활용할 수 있다. 스마트 폰을 열면 사랑하는 가족사진이 뜨게 하는 사람도 있고, 추억이 담긴 사진이 뜨게 하는 사람도 있다. 목표를 달성하기 위해서 목표가 뜨게 하면 하루에 최소한 몇 번은 보게 된다. 매일 보면서 무의식적으로 목표를 의식하게 되어 있다.

메모한 것을 내 것으로 만들기 위해서는 메모한 것을 자주봐야 한다. 오랫동안 간직해야 하는 것은 보고 또 봐야 한다. 전철을 이용해 출퇴근하는 사람들의 모습을 보면 대부분 스마트 폰을 보고 있다. 스마트 폰을 보는 것도 좋지만 메모 수첩을 활용해 보라고 권하고 싶다. 대부분 메모하지만, 메모했던 수첩은 다시 보지 않는다. 메모 수첩을 보면서 메모한 내용이 내 것이 되도록 해보자.

메모하는 것도 중요하지만, 메모를 다시 보는 것은 더 중요하다. 꼭 해야 하는 일은 자주 볼 수 있게 해야 한다. 잊지 않도록 무의식적으로 볼 수 있게 해야 한다. 메모한 것을 자주 보면서 자신의 꿈을 이루고, 자신이 하고 싶은 일을 하면서 살자. 한 번뿐인 인생이다. 한 번뿐인 인생 행복하게 살자.

메모하면
습관도 고칠 수 있다

    누구에게나 습관이 있다. 좋은 습관만 가지고 있는 것이 아니라 나쁜 습관도 있다. 자기가 가지고 있는 습관을 다른 사람들은 인지하는데 정작 본인은 인지하지 못하는 경우가 있다. 자신을 되돌아보는 시간을 갖지 않기 때문이다.

    자신에게 어떤 습관이 있는지 아는 것이 중요하다. 집에 CCTV를 설치해 놓고 관찰하거나 가족에게 부탁하는 방법도 있다. 자신이 하루에 무슨 일을 하는지, 무슨 말을 하는지 기록해보는 것이 필요하다. 좋은 습관은 어떤 것이 있고, 나쁜 습관은 어떤 것이 있는지 아는 것이 필요하다.

    좋은 습관은 많이 가지고 있을수록 좋다. 반대로 나쁜 습관은 모두 버리는 것이 좋다. 어떤 행동이 일단 습관이 되면 버리기가 쉽지 않다. 그래서 좋은 것은 습관이 되도록 해야 하지만, 나쁜 것은 습관이 되지 않도록 해야 한다. 자기가 나쁜 습관을 버리거나 갖지 않기 위해서는 본인이 그것을 인지하는 것이 필요하다.

담배를 피우는 사람에게 담배를 끊으라고 하면 인이 박혀서 끊을 수 없다는 말을 한다. 담배를 끊는 것이 쉽지 않은 모양이다. 하지만 끊을 수 없는 것은 아니다. 지인 중에 수십 년 동안 담배를 피웠는데 수술을 받아야 하는데 의사가 담배를 피우지 않고 한 달이 지나야 수술이 가능하다고 하니까 담배를 끊기 위해서 아들이 보는 앞에서 집에 보관하고 있던 담배를 모두 부숴서 쓰레기통에 갖다버렸다고 한다.

지금도 담배를 피우고 있는 사람 앞에 가면 담배를 피우고 싶은 생각이 든다고 했다. 하지만 아들이 보는 앞에서 담배를 부숴버리면서 피우지 않겠다고 약속을 했고, 매일 담배를 피우지 않은 날을 점검해나가다 보니 1년 넘게 담배를 피우지 않고 있다. 매일 담배를 피웠는지 확인하며 메모하고, 언제 담배를 피우고 싶었는지를 파악하여 가능하면 담배를 피우고 싶은 상황을 만들지 않았다고 한다. 담배를 피우고 싶을 때는 아들과 약속을 지켜야지 하는 생각을 하며 참았다고 한다.

나도 한때 인터넷 바둑을 두며 밤을 새우는 날이 자주 있었던 적이 있다. 지면 이기고 싶고, 이기면 한 판 더 이겨 한 급수 올리고 싶었다. 한 판만 하자고 시작했던 것이 한 판만 더 한 판만 더 하다가 밤을 새우는 것이다. 나쁜 버릇은 마력이 있어서 유혹이 오면, 그 유혹을 뿌리치기 힘들다. 그만두어야 한다고 생각하면서도 빠져나오기가 힘들다. 그만두겠다고 다짐을 하지만 나도 모르게 다시 빠져 들어가곤 한다.

　일기를 쓰며 오늘 한 일을 반성하며 인터넷 바둑을 두며 쓸데없이 시간을 낭비했다는 것을 인지하게 되었다. 인터넷 바둑을 두지 않겠다며 컴퓨터에서 인터넷 바둑 프로그램을 삭제했다. 혼자 있을 때 인터넷 바둑을 한판만 두자며 다시 프로그램을 설치했다. 프로그램을 설치하고 한판만 두는 것이 아니라 한 판 더, 한 판만 더 하다가 몇 시간 동안 매달리게 된다. 다시 일기를 쓰며 인터넷 바둑을 다시는 두지 않겠다고 다짐하며 다시 인터넷 바둑 프로그램을 삭제했다. 그 이후에도 설치했다, 삭제 했다 를 반복하다가 유혹에서 벗어날 수 있었다.

　노름에 미친 사람들은 손가락을 자르면 발로 한다는 말이 있다. 그처럼 노름에 한 번 빠지면 빠져나오기 쉽지 않다는 것이다. 일기를 쓰면서 다짐하고 다짐하더라도 나쁜 습관의 유혹에 다시 넘어가기 쉽다. 자신을 되돌아보는 시간을 갖지 않으면 유혹에서 빠져나오기 쉽지 않다. 그래서 나쁜 습관을 고치려면 일기를 써야 한다. 일기를 쓰면서 고치려고 다짐하고 다짐해야 한다.

담배나 인터넷 바둑만 끊기 힘든 것이 아니라 나쁜 습관은 모두 마력이 있어 그 유혹을 끊어내기가 쉽지 않다. 일기를 쓰거나 메모하면서 나쁜 버릇을 버리려면 오늘 해야 할 일의 목록에 무슨 나쁜 버릇을 하지 않기를 바라는지 구체적으로 기재해라. 나쁜 버릇을 하지 않기 시작한 지 며칠 동안이나 나쁜 버릇을 하지 않았는지를 적어봐라. 자신이 하지 않은 날이 점차 늘어가는 것을 보면서 할 수 있다는 자신감을 갖게 된다. 다시 하고 싶은 유혹이 오더라도 이겨낼 수 있는 힘이 생긴다.

다른 사람에게 나쁜 버릇을 하지 않기로 했다고 공개적으로 말해봐라. 오늘까지 몇 일째라고 얘기해봐라. 다른 사람들에게 이야기하면 주변에 있는 사람들이 '정말 대단하다.', '응원한다.' 격려해 주고 응원도 해준다. 격려나 응원은 다시 하고 싶은 유혹을 이겨낼 힘이 된다.

나쁜 버릇을 버리는 것도 힘들지만, 좋은 버릇을 만드는 것도 생각처럼 그렇게 쉽지 않다. 매일 같은 시간에 약을 챙겨 먹기 쉽지 않다. 해외여행을 하다 보면 수백만 원어치 건강보조식품이나 약을 사 오는 사람들을 본다. 그런데 약을 조금 먹다가 버렸다고 한다. 건강해지기 위해서 많은 돈을 지급하고 사 왔지만, 때마다 챙겨 먹는 것이 생각처럼 쉽지 않다. 그러다 오래되니까 누구에게 줄 수도 없고 버리게 된다.

내가 고혈압약을 먹어야 하는데 빼먹는 일이 많았다. 바쁘게 살아가다 보면 약 먹는 것을 잊을 때가 많다. 일기를 쓰면서 오늘 해야 할 일 목록을 먼저 기록하고 저녁에는 그 일을 했는지 하나하나 확인한다. 매일 해야 할 일 목록에 '혈압약 챙겨 먹기'를 기록하며 확인하다 보니 약을 챙겨 먹게 된다. 그렇게 몇 년이 되다 보니 이제는 적지 않아도 약을 잘 챙겨 먹는다. 이제는 버릇이 생긴 것이다.

좋은 버릇을 만들려면 매일 해야 할 일 목록에 '좋은 버릇 만들기'라고 추상적으로 쓰지 말고 '메모하는 습관 갖기', '다른 사람의 말을 끝까지 듣기'처럼 구체적으로 적는 것이 좋다. 그리고는 메모했던 내용을 메모 수첩에 정리하면서 이행 여부를 챙겨야 한다. 피곤하다고 미루고, 졸음이 온다고 미루다 보면 메모하는 것을 버릇으로 갖기 힘들다.

습관보다 강한 것은 없다. 좋은 습관은 만들고 나쁜 습관은 버려야 한다. 나쁜 습관은 금방 만들어지지만 좋은 습관을 만드는 데는 오래 걸린다. 나쁜 습관에는 마력이 있어서 나쁜 습관을 버리려고 다짐을 해도 조금만 방심하면 원래로 돌아가기 쉽다. 일기를 쓰면서 나도 모르게 하는 나쁜 습관이 있는지 살펴봐라. 나쁜 습관을 고치기 위해서는 내게 무슨 나쁜 습관이 있는지 알아야 한다.

내가 나를 컨트롤 하지 못하면 그 습관에 노예가 된다. 일기를 쓰며 나쁜 습관은 버리려고 노력하라. 나쁜 습관은 피나는 노력을 해야 버릴 수 있다. 자신도 모르게 하는 버릇이 있는지 주변에 있는 사람들에게 물어보라. 좋은 습관을 많이 만들어라.

메모하면 습관도 고칠 수 있다

꿈의 목록을 보며
꿈을 이루자

50세가 넘은 사람에게 꿈이 무엇이냐고 물으면 한참 동안 대답을 하지 못한다. 50년을 넘게 살아왔지만, 바쁘게 살면서 자신의 꿈이 무엇인지 생각해 본 적이 없다고 하는 사람이 있다. 자신의 꿈이 무엇인지 생각해 본 적도 없고, 기록해 본 적도 없으니까 누가 꿈이 무엇이냐고 물어도 금방 대답을 하지 못한다. 꿈은 장래의 희망이 아니다. 꿈은 반드시 거창해야 하는 것도 아니고, 훌륭한 결과를 이뤄내기 위한 것도 아니다. 아주 작고 사소한 것이라도 자신이 좋아하는 일에 도전하며 다양한 삶을 경험해 나가는 것이 자신의 꿈을 이루어 가는 과정이다.

어린아이들에게 '여러분의 꿈이 무엇입니까?'라 물으면 아이들은 장래의 희망이나 직업쯤으로 여기고 대답하는 경우가 많다. 미국의 존 고다드는 15세 때 작성한 꿈의 목록에 127개의 꿈을 적었다고 한다. 이 중 111개를 이뤘고 그 후 그의 꿈의 목록에는 500개까지 늘어났다고 한다. 꿈의 목록은 어릴 때 작성해 놨다고 그것으로 끝나는 것이 아니라 성장해가면서 계속 추가해 나가는 것이 필요하다.

존 고다드는 배우고 싶은 것, 여행하고 싶은 곳, 탐험하고 싶은 곳, 만나고 싶은 사람, 개인적으로 꼭 해야 할 일로 나누어 꿈의 목록을 작성했다. 존 고다드가 15세에 작성한 꿈의 목록에는 플루트 배우기, 윗몸일으키기 200회, 턱걸이 20회 같이 이루기 쉬운 꿈도 있지만 달 여행과 같이 이루기 어려운 꿈도 있었다. 꿈 중에는 쉽게 이룰 수 있는 것도 있지만 평생 이루지 못하는 꿈도 있다. 하지만 꿈이 있는 삶과 꿈이 없는 삶은 다르다.

사람들은 돈이 없으면 꿈도 없다고 생각할지 모르지만, 돈이 없더라도 꿈을 갖고 노력하면 행복한 삶을 만들어 갈 수 있다. 지인의 형제 중 가장 가난한 동생이 있는데 그 동생이 형제 중에 가장 행복한 삶을 살고 있다고 한다. 돈이 있다고 반드시 행복한 것은 아니다. 꿈이 있고 꿈을 향해서 나가는 삶이 행복하다.

미국의 하버드대 교수가 학생들에게 꿈의 목록을 적어서 내라는 과제를 줬다. 어떤 학생은 성의껏 자신의 꿈을 50가지가 넘게 작성했고, 어떤 학생은 장난으로 생각하고 몇 개 적지 않았고, 어떤 학생은 교수가 적으라고 하니까 억지로 대충 적었다.

20년 후 이 학생들이 어떻게 살고 있는지 추적조사를 해보니까 꿈의 목록을 정성껏 많이 작성한 학생들은 대부분 성공해서 자신의 꿈을 이루며 살아가고 있었으나 대충 장난으로 적어낸 학생들은 별 볼일 없이 살아가고 있었다고 한다. 나는 여러분에게 꿈의 목록을 성의껏 작성해보라고 권하고 싶다. 꿈의 목록을 매일 볼 수 있는 곳에 놔두고 꿈을 키워보라고 권하고 싶다.

자녀들에게 꿈의 목록 노트를 선물하고 자녀들이 꿈을 키워나가도록 도와주라고 하고 싶다. 초등학교 때의 꿈, 중학교 때의 꿈, 고등학교 때의 꿈, 대학교 때의 꿈이 어떻게 변해 가는지 살펴볼 수 있도록 도와주라고 하고 싶다. 자녀의 꿈의 목록에 부모의 꿈을 적게 하지 말고 자녀가 스스로 자신의 꿈을 적을 수 있도록 도와줘라.

꿈은 기록하지 않으면 기억할 수 없을 때도 있고, 바쁘게 생활하다 보면 잊어버리고 살게 된다. 꿈은 기록하지 않거나 말하지 않으면 거기서 끝나고 마는 때도 있다. 꿈은 쉽게 이루어지지 않는 것도 있지만, 꿈을 끝까지 좇아가는 사람에게는 꿈을 이루는 기회를 가질 수 있다. 꿈이 없는 사람은 활력이 없다. 꿈에 도전하고 이루는 사람들을 보는 것만으로도 도움이 된다. 꿈이 없는 사람과 어울리지 말고 꿈에 도전하는 사람들과 어울려라.

우리 사회가 꿈이 아니라 현실을 보라고 하는 것이 안타깝다. 초등학교에 입학하기 전부터 경쟁을 강요한다. 좋은 대학에 들어가려고 경쟁하고, 취업하려고 경쟁하고, 취업해서도 승진하려고 경쟁한다. 내가 밀려나지 않으려면 다른 누군가를 밀어내야 한다. 꿈은 가슴에 묻어두고 경쟁 속에서 패배하지 않기 위해서 살아가라고 한다. 일생을 마치면서 자신이 왜 그렇게 살아왔는지 모르겠다며 후회해봐야 아무 소용이 없다.

1953년 미국의 예일대학교에서 4학년 학생을 대상으로 '장래에 대한 명확한 목표를 설정했는가? 그렇다면 그 목표를 기록해 두었는가? 그 목표를 달성하기 위한 구체적인 행동계획이 있는가?'라는 설문 조사를 한 적이 있었다. 이 질문에 3%만이 목표와 계획을 세웠으며 그것을 기록해 두었다고 응답했고, 13%는 목표는 있으나 그것을 종이에 직접 기록하지는 않았다고 응답했고, 나머지 84%는 아예 아무런 계획이 없다고 응답했다. 그로부터 20년 후에 졸업생을 대상으로 어떻게 살고 있는지 면밀하게 조사했더니 목표는 있었지만 기록하지 않았던 13%의 학생은 목표가 전혀 없었던 84%의 학생에

비해 평균수입이 두 배 이상이었다. 그리고 명확한 목표와 계획을 세우고 그것을 구체적으로 기록했던 3%의 학생들은 나머지 97%의 학생보다 소득이 평균 10배가 많았다고 한다. 미국의 하버드 대학교에서도 비슷한 결과가 나타났다고 한다.

20년 후에 자녀가 꿈을 이루어 가면서 성취감을 느끼며 만족해하는 모습을 보고 싶다면 자녀에게 멋진 노트 하나를 하나 사서 표지에 '○○○의 꿈의 노트'라 써서 선물로 주면서 자녀가 꿈을 갖게 해보라. 자녀가 꿈의 목록을 적어놓고 꿈을 이루어 가는 과정을 기록으로 남기게 해봐라. 내가 못했다면 내 자녀라도 꿈을 갖고 살아가게 도와줘라. 꿈을 갖게 도와주고 꿈을 이루게 도와줘라.

💡 꿈을 이루는 방법

첫 째, 꿈의 목록 노트를 준비하여 여행하고 싶은 곳, 하고 싶은 것, 배우고 싶은 것, 갖고 싶은 것으로 구분하여 생각나는 대로 적어라.

둘 째, 꿈의 목록을 적어라. 추가하고 싶은 것이 있을 때는 언제든지 추가하라. 왜 하고 싶은지를 적어봐라. 이루어진 것은 날짜와 소감을 적어라. 달성되는 것을 보면서 성취감을 느끼고 새로운 꿈도 꾸게 된다.

셋　째, 꿈의 목록을 추상적으로 적지 말고 구체적으로 적어라. 걷기 라고 추상적으로 적지 말고 10,000보 이상 걷기, 체중 줄이 기라고 적지 말고 체중 60㎏ 이하로 유지하기처럼 구체적으로 기재하라.

넷　째, 꿈의 노트를 자주 봐라. 꿈을 이루려면 꿈의 목록을 책상 앞에 붙이기, 일기장 맨 앞에 붙이기, 컴퓨터나 스마트 폰을 볼때 먼저 보기로 설정해 매일 볼 수 있도록 시각화하라. 매일 봐야 꿈이 이루어진다.

다섯째, 꿈의 목록에 포함된 것 중에 금년도에 실행이 가능한 것은 올해의 목표로 옮겨 실행하라. 꿈이라고 하더라도 도전하지 않으면 이루어지지 않는다. 사소한 것이라도 실행하여 성취 감을 느끼는 것이 필요하다.

네 번째

메모하면
중요한 것이 무엇인지
알게 된다

전부 메모하려고 하다가는 정말 중요한 내용을 잡아내지 못할 수가 있다. 핵심을 메모하지 않으면 메모했다고 하더라도 무엇을 적은 것인지, 중요한 것이 무엇인지 파악하기가 어려울 때가 있다. 전체를 메모하는 것보다 중요한 것을 메모하는 것이 필요하다. 중요한 것을 적기 위해서는 정말 중요한 것을 분별하는 능력을 키우는 것이 필요하다.

꿈을 이루기 위해서는 꿈을 가져야 하고, 꿈의 목록에 기록해야 하고, 꿈의 목록을 보면서 꿈을 이루려고 노력해야 한다. 목표를 달성하기 위해서는 목표를 가져야 하고, 어떻게 하면 목표를 이룰 수 있는지 목표를 명확하게 해야 한다. 미국의 하버드 대학에서 졸업생들에게 명확한 목표를 설정했는지, 그 목표를 달성하기 위한 구체적인 행동계획이 있는지, 그 목표를 종이에 기록해 두었는지를 설문 조사하고 10년 후 그들이 어떻게 살고 있는지를 조사한 결과 꿈의 목록을 기록한 학생들이 그렇지 않은 학생들보다 10배나 많은 소득을 올리고 있었다. 꿈을 기록했느냐 기록하지 않았느냐가 엄청난 차이가 발생한다.

꿈과 목표를 달성하기 위해서는 명확한 목표를 설정하고, 그 목표를 달성하기 위한 구체적인 계획을 세우고, 그 목표를 기록해 두는 것이 필요하다. 목표를 달성하기 위해서 어떤 일을 먼저 해야 하는지 우선순위를 정하여 중요한 일을 먼저 해야 한다. 일의 우선순위를 중요하고 긴급한 일, 중요하지만 긴급하지 않은 일, 중요하지 않지만 긴급한 일, 중요하지도 긴급하지도 않은 일 순서로 해야 한다.

중요한 것을 먼저 하기 위해서는 중요한 것과 급한 것을 분명하게 구분할 수 있어야 한다. 중요한 것은 당장 하지 않는다고 해서 문제가 생기지 않을 수 있지만 미루거나 하지 않아도 되는 일이 아니라 반드시 해야 하는 일이다. 중요한 것은 안 한다고 당장 문제가 생기는 것은 아니지만, 미래의 시점에서 보면 꼭 했어야만 하는 것이다. 대부분 사람이 당장 문제가 생긴다며 급한 일을 중요한 일이라고 착각하는 경우가 많다.

목표를 명확하게 설정했더라도 종이에 기록했느냐 기록하지 않았느냐에 따라 10년 후의 삶은 엄청난 차이가 있다. 종이에 기록한 것을 자주 볼 수 있는 곳에 두고 보는 것과 머릿속에 들어있는 것은 다르다. 목표를 달성하기 위한 구체적인 계획을 기록해 놓으면 중요한 것과 급한 것 사이에서 갈등하지 않는다. 목표를 달성하기 위한 구체적인 계획이 있으면 중요한 것과 급한 것을 착각하지 않는다.

성공하는 사람들은 메모하는 습관이 있다. 성공하는 사람들은 자신의 꿈과 목표를 명확하게 설정하고 종이에 기록한다. 목표를 가졌다고 하더라도 종이에 기록했느냐 기록하지 않았느냐에 따라 미래의 삶이 달라진다. 성공하는 사람들은 급한 것보다 중요한 것을 먼저 한다. 성공하는 사람이 되려면 자신의 꿈과 목표를 명확하게 종이에 써야 한다. 급한 것보다 중요한 것을 먼저 해야 한다.

사람들과 관계를 맺으며 사는 것은 아주 중요한 일이다. 하지만 모든 사람을 다 만날 필요는 없다. 서로에게 도움이 되는 사람도 있고, 전혀 도움이 되지 않는 사람도 있고, 오히려 해가 되는 사람도 있다. 자신의 인생에 도움이 되지 않는 사람은 만나지 않는 것도 중요한 일이다. 허구한 날 놀음이나 하자고 찾아오고, 심심하다고 놀아 달라고 찾아오면 내가 하고 싶은 일을 할 수 없다. 다른 사람과의 관계가 중요하다고 모든 사람을 만나야 하는 것은 아니다. 기록하다 보면 만나야 할 사람과 만나지 말아야 할 사람을 알 수 있다.

자신에게만 도움이 되고, 상대방에게는 도움이 되지 않는 다면 상대방이 피할 수 있다. 서로에게 도움이 되는 관계가 되는 것이 좋다. 전혀 도움이 되지 않는 사람이라면 만나자고 하더라도 피하는 것이 필요하다. 일하면서도 아주 조그마한 문제까지도 생기지 않게 하려고 급한 일을 찾아서 하다 보면 중요한 일을 하지 못하는 경우가 생긴다. 시간이 부족하다는 생각이 들면 하루 동안 해야 하는 일의 목록을 적어놓고 만나지 말아야 하는 사람을 만나 불필요하게 시간 낭비를 할 필요가 없다.

나는 젊었을 때 공직생활을 하면서 농사도 짓고, 방송통신대학교에도 다녔다. 그리고 주일학교 교사도 하다 보니 아침 4시경 일어나 공부하다가 날이 밝으면 들에 나가서 농사일하다가 들어와서 아침을 먹고 출근했다. 퇴근해서도 들에 나가서 농사일하다가 어두워지면 집에 들어와 공부하다가 자정이 넘어서 자다 보니 너무 피곤했다. 그래서 이 중에 어떤 일을 뺄 것인지 고민하다가 농사일을 잠시 쉬기로 했던 적이 있다. 그런데 빼면서 편함에 익숙해지면 게을러질 수 있다. 게을러지지 않도록 하는 것이 필요하다.

일일계획을 세우지 않으면 닥치는 대로 하게 되어있다. 하루를 잘 보내려면 일일계획을 수립하면서 우선순위를 정하는 것이 필요하다. 메모하면서 색연필을 사용하여 중요한 것은 빨간색, 중요도가 보통인 것은 파란색, 중요도가 낮은 것은 검은색으로 표시하여 구분하면 중요한 것을 한눈에 볼 수 있다.

☀️ 메모해야 하는 5가지 이유

첫   째, 중요한 것을 잊지 않기 위해서 메모한다. 자꾸 잊어버려 나쁜 습관이 고쳐지지 않아 고쳐질 때까지 매일 손바닥에 메모해서 나쁜 습관을 고쳤다고 하는 사람이 있다. 꿈이나 목표를 달성하기 위해서는 먼저 해야 할 일이 무엇인지 메모하여 자꾸 봐야 중요한 것을 먼저 할 수 있다.

둘   째, 메모하면 잊어도 되니까 마음이 안정된다. 머리를 비우면 스트레스를 줄여주고 창의성을 살릴 수 있고 마음도 편해진다.

셋   째, 아이디어를 추가하여 실행할 수 있다. 메모하고 마인드맵을 작성하면서 끊임없이 떠오르는 아이디어를 추가하여 더 좋은 결과물을 얻을 수 있다.

넷   째, 일상을 정리해준다. 마음에 걸리거나 신경이 쓰이는 일이 있을 때 기록하면 복잡한 일상이 정리된다. 시간의 노예가 되지 않고 시간을 관리할 수 있다.

다섯째, 메모를 통해 성취감을 준다. 꿈을 달성하고 꿈의 목록에 달성했다고 체크하며 성취감을 느끼고, 나쁜 습관을 지워가며 성취감을 느낀다.

시간 지배자가 되도록
메모하라

　많은 사람이 새해가 되면 한 해를 보람차게 보내겠다며 planner도 사고, 마음도 다져 먹고, 야심차게 출발한다. 그러나 짧게는 일주일 길게는 한 달도 못가서 planner를 사용하지 않고 한쪽 구석에 버려두는 경우가 많다. 일 년 계획이 작심삼일이 되는 경우가 많다. planner를 스케줄을 관리하는 도구로만 사용하기 때문이다. 스케줄만 관리하려면 스마트폰만 가지면 충분하다. 시간을 지배하기 위해서는 스케줄만 관리해서는 안 된다. 불필요한 일을 줄여야 시간의 노예에서 벗어날 수 있다.

　자기만 알고 있는 계획은 하지 않는다고 누가 알지도 못한다. 그러다 보니 슬그머니 계획을 접어버리기 쉽다. 지난해부터 1년에 10가지 목표를 정해서 연초에 블로그나 페이스북에 공개했다. 새해 1월에는 계획을 올리고, 연말에는 계획 이행 여부를 올린다. 다른 사람에게 공개했는데 지키지 못하면 실

없는 사람이 된다. 실없는 사람이 되지 않기 위해서 계획했던 것을 지키려고 노력하게 된다.

planner를 자기 인생을 바꾸는 도구로 활용해보자. planner를 일정을 관리하는 도구로만 사용하지 말고 시간을 지배하는 도구로 활용해보자. 하루를 되돌아보는 도구로 활용해보자. 자기만의 삶의 방식을 키워가는 도구로 만들어보자. 바빠서 자신이 하고 싶은 일을 할 수 없다고 하지 말고 자기가 하고 싶은 일 하기 위해서 메모하자. 메모하는 이유는 시간에 끌려가지 않고 시간을 지배하기 위해서다.

하루에 주어지는 시간은 누구에게나 똑같다. 하루를 24시간 이상으로 늘릴 수는 없다. 누구에게는 25시간이 주어지고 누구에게는 10시간이 주어지는 것이 아니라 누구에게나 똑같이 24시간이 주어진다. 누구도 24시간을 자지 않고 일만 할 수 없다. 아무리 바쁜 사람도 잠은 자야 한다. 어떤 사람은 6시간미만을 자고, 어떤 사람은 8시간 이상 잘 수는 있지만, 누구나 잠은 자야 한다. 짧게 자는 사람도 있고 길게 자는 사람이 있을 뿐이지 잠을 자지 않을 수는 없다. 24시간의 시간을 보내면서 남이 놀 때 놀고, 일할 때 일하면서도 여유 있게 살아가는 사람이 있고, 늘 시간에 쫓겨 살면서 시간이 없다고 이야기하는 사람이 있다.

시간은 부족하다고 다른 사람에게서 빌려올 수도 없고, 돈을 주고 사 올 수도 없다. 그렇다고 시간이 남는다고 빌려줄 수도 없는 것이다. 빌 게이츠는 시간 관리를 위해서 분 단위로 시간 계획을 세우고 업무에 집중하지만 건강한 수면과 좋은 아이디어를 위한 장기간의 휴식을 취하는데 시간을 아끼지 않았다고 한다. 출퇴근에 걸리는 시간을 아끼기 위해서 집도 회사 근처로 옮겼다고 한다.

하루를 어떻게 보내고 있는지 메모하고 살펴보는 것이 필요하다. 일했다면 일하는 시간이 얼마나 되고 쉬는 시간은 얼마나 되는지 살펴봐야 한다. 일하는 시간에는 얼마나 열심히 일했는지 아니면 어영부영했는지 분석해보라. 쉬는 시간에는 무엇을 하며 쉬었는지 분석해봐라. 사람이 아무리 바쁘다고 하더라도 창의적인 아이디어를 얻기 위해서 쉬는 것이 필요하다. 정말로 자신에게 필요한 시간을 가지려면 쓸데없는 일을 하는 시간을 줄여야 한다.

자신이 하는 일 중에 반드시 자신이 하지 않아도 되는 일은 다른 사람에게 위임하거나 꼭 해야 하는 일이 아니면 그 일을 줄이는 것이 시간의 노예가 되지 않는 방법이다. 언젠가 새로운 팀을 만들면서 국에서 한 명을 지정해 주면 그 사람을 빼겠다고 했다. 그런데 아무리 살펴봐도 빼낼 사람이 없다. 그래서 빼낼 사람이 없다고 하니까 내가 데리고 있는 직원을 빼 갔다.

가뜩이나 사람이 부족해서 난리인데 직원이 한 명 빠지니까 해오던 일을 모두 감당하는 것은 불가능했다. 그래서 직원에게 하지 않으면 문제가 생기는 일만 하고 새로운 일은 만들지 말라고 했던 적이 있다. 모든 것을 다 하려고 하다 보면 중요한 것을 빠트릴 수 있는데 중요한 것을 하고 중요하지 않은 일을 하지 않으니까 문제가 생기지 않았다. 일하면서 잠시도 쉴 틈이 없다면 스트레스를 받을 수밖에 없다.

누구도 쉬지 않고 일을 할 수는 없다. 쉬는 것은 시간을 낭비하는 것이 아니라 창의적인 아이디어를 얻기 위해서도 꼭 필요한 것이다. 피곤을 풀기 위해서 눈을 감고 시간을 보내는 것도 쉬는 것이고, 조용하게 명상의 시간을 갖는 것도 쉬는 것이다. 그런데 쉬는 시간에 스마트폰으로 게임을 하며 시간을 보내는 것은 쉬는 것이 아니다. 육체적으로는 쉬는 것일지 모르지만 정신적으로는 노동하고 있다. 쉬는 시간에는 육체가 쉬는 시간도 필요하지만, 정신이 쉬는 시간도 필요하다.

살아가다 보면 아무것도 하지 않으며 무의미하게 보내는 시간이 많다. 전철을 타고 이동하는 시간에 스마트폰으로 게임을 하며 시간을 보내는 것은 무의미하게 보내는 시간이라고 할 수 있다. 무엇인가를 할 수 있는 시간에 아무것도 하지 않는 것은 무의미하게 시간을 보내는 것이다. 아침에 일찍 일어나 출근하면서 스마트폰을 가지고 게임을 하는 것보다는 차라리 눈을 감고 쉬는 것이 좋다. 오늘 하루를 어떻게 보낼 것인지 생각하는 시간으로 활용하는 것이 좋다.

하고 싶은 일을 하면서 살고 싶으면 시간에 끌려다니지 말고 시간을 지배하면서 살아야 한다. 시간을 지배하며 살려면 무의미하게 보내는 시간을 줄여야 한다. 성공하는 사람이 하루 25시간을 보내는 것이 아니라 시간을 무의미하게 보내지 않는 것이다. 멍청하게 TV를 시청하며 보내는 시간이나 아무것도 하지 않으며 빈둥거리며 보내는 시간은 무의미하게 보내는 것이다. 일일계획을 수립하면서 무의미하게 보내는 시간을 줄여야 한다.

중소기업 중앙회 자료에 따르면 중기 CEO들의 경영철학과 성공습관을 살펴보면 자기관리형 CEO가 50%를 차지하는데 이들의 습관을 보면 메모, 시간 관리, 빠른 출근이라고 한다. 성공하기 위해서는 메모해야 한다. 메모의 중요성은 아무리 강조해도 지나치지 않다.

시간을 효율적으로 사용하기 위해서는 일과를 시작하기 전에 가장 먼저 해야 할 일이 일일계획을 작성하는 일이다. 오늘 하루를 어떻게 쓰고 싶은지 적어야 한다. 시간이 부족하다고 하지 말고 하지 않아야 할 일을 명확히 하는 것이 필요하다. 쓸데없이 보내는 시간을 줄이고 자신에게 가장 잘 맞는 시간 계획을 수립해야 한다.

빌게이츠처럼 분 단위로 시간을 관리하지는 못하더라도 무의미하게 보내는 시간을 줄이고 틈새 시간을 활용하면 미래 인생이 달라진다. 빌려올 수도 없고 사 올 수도 없는 시간을 의미 있게 활용하기 위해서는 메모하고, 매일 일기를 쓰며 일일계획을 세우고 실천하라고 권하고 싶다.

🔆 시간 관리를 잘하는 방법

첫 째, 일과를 시작하기 전에 가장 먼저 일일계획을 수립해야 한다. 그래야 가장 중요한 일을 먼저 할 수 있다. 하루에 할 일을 가장 효율적으로 할 수 있다.

둘 째, 시간을 빼앗아 가는 원인을 찾아야 한다. 무의미하게 보내는 시간을 줄여야 시간에 끌려가지 않고 시간을 지배하며 자신이 하고 싶은 일을 할 수 있다. 시간을 관리하면서 더 많은 성과를 얻을 수 있다.

셋 째, 다른 사람에게 위임할 수 있는 일은 과감하게 위임하자. 혼자서 모든 일을 하는 것은 한계가 있다. 위임하면 자신이 사용할 수 있는 시간이 늘어나 자신이 하고 싶은 일을 할 수 있고 업무 효율을 높일 수 있다.

넷 째, 충분한 휴식을 취하고 잠을 깊이 자야 창의적인 아이디어를
얻을 수 있다.

여섯 번째

메모는
책 쓰기로 연결되어야

    자신이 살아온 인생을 정리하여 책을 쓰면 10권도 넘을 것이라고 하는 사람이 있다. 그런데 막상 글을 쓰려고 하면 종이 한 장을 채우기도 쉽지 않다고 한다. 말 잘하는 사람에게 글을 쓰라고 하면 글은 쓰지 못하겠다는 사람이 있다. 그냥 말하는 것처럼 쓰면 되는데 쉽지 않다고 한다. 메모하는 사람은 글을 쓸 수도 있고, 책을 쓸 수도 있다.

    글을 쓰는 사람에게는 메모한 것이 글을 쓰는 좋은 소재가 될 수 있다. 글을 쓸 때 소재를 찾지 못하겠다고 하는 사람이 있다. 메모하는 사람은 일상생활이 글의 소재가 되다 보니 소재 거리가 많아진다. 누구와 이야기를 하거나, TV를 시청하거나 모든 일상생활이 글의 소재가 될 수 있다. 그러다 보니 소재가 될 만한 것이 있으면 메모하게 된다.

    매일경제신문에 '청렴 사회로 가는 길'이라는 내용으로 칼럼을 쓰는데 60꼭지의 글을 쓰다 보니 소재를 찾기가 쉽지 않았다. 36년간 공직생활을 하며 경험했던 것들을 소재로 삼았다. 그렇지만 횟수가 거듭되면서 소재를 찾기가 쉽지 않았다. 그렇지만 책을 읽거나 다른 사람들과 이야기를 나누며 소재를 찾을 때가 많았다.

언젠가부터 퇴직할 때 자서전을 써서 직원들에게 한 권씩 주겠다는 생각을 했다. 그러면서 일상생활에서 겪은 일들을 생각나는 대로 정리하기 시작했다. 나의 연대기를 작성하는 것이 글을 쓰는 데 도움이 될 것 같아서 내가 태어나서 현재까지 나와 관련된 일, 가족과 관련된 일, 그 당시 중요한 사건을 정리하기 시작했다. 아름다운 추억도 기록했고, 힘들고 어려운 일도 기록했다.

평소 자료를 정리하는 습관이 있어 나와 관련된 자료를 바인더에 보관해오고 있었다. 바인더 8개에 자료가 꽉 차 있었지만, 어떤 것은 아주 중요한 일인데도 몇 연도에 있었던 일인지 생각나지 않는 것들이 있었다. 자료로 남아 있는 것은 기록할 수 있었지만, 자료가 남아 있지 않은 것은 기록하기 어려웠다. 그래서 그 이후로는 가능한 한 자세하게 기록하고 있다. 연대기를 작성하면서 어릴 때의 힘들고 어려웠던 일들이 떠올려 보았다. 아주 어릴 때의 삶을 기록하고 싶었지만, 그때의 일은 생각나지 않았고, 자료도 남아 있지 않았다.

연대기를 작성하면서 그때 무슨 일이 있었는지를 떠올리니까 글의 소재가 생각났다. 글의 소재가 생각나면 메모했고, 메모한 것을 소재로 글을 쓰기 시작했다. 생각나는 대로 글을 써서 자서전을 출판하려고 하니까 200자 원고지 1,000매이면 책이 한 권이라고 하는데, 그동안 써 놓은 글의 양이 1,967매였다.

출판사에서 원고를 줄여 달라고 해서 그동안 써 났던 글 중에 내가 자서전에 담고 싶은 내용을 골라서 책을 출판하여 같이 근무했던 직원이나 지인들에게도 한 권씩 나눠줬다. 글을 쓰면서 나를 되돌아보게 되었고 나의 철학을 갖게 되었다. 자서전을 쓰기 위해서 메모하라는 것이 아니다. 메모하는 사람은 자신이 원하면 언제든지 책을 쓸 수 있다. 자서전을 쓰면서 자신의 삶을 돌아보게 된다. 자신의 삶을 돌아보며 앞으로 어떻게 살아가야 할지를 알 수 있다.

동 주민 센터에 주민자치 프로그램으로 자서전 쓰기가 있었다. 한 노인이 자신의 삶을 책으로 쓰면 몇 권은 쓸 것이라 했다. 그러나 메모하지 않아 모든 것을 기억에 의존해야 하니까 막상 자신의 삶을 글로 쓰려니 생각했던 것처럼 책을 몇 권 쓸 수 있는 것이 아니라 몇 장을 넘기지도 못하는 경우가 많다. 자신이 직접 쓰는 것이 아니라 대필자에게 맡기면, 대필자가 질문을 던지면서 기억을 떠올리게 하려고 여러 가지 질문을 던지지만, 한계가 있을 수밖에 없다. 그러다 보니 진짜 자서전에 담아야 할 내용이 빠지게 되는 경우가 있다.

평소에 중요한 일만이라도 메모해놨더라면 글을 쓰기가 훨씬 수월하다. 아무런 기록을 남기지 않으면 막상 글을 쓰려고 할 때 아무것도 생각나지 않는다. 메모하고 메모한 것을 정리하는 사람은 글을 쓰다가 책을 쓰고 싶다는 생각이 들면 그동안 써 놓은 것을 정리하기만 해도 한 권의 책이 될 수 있다.

선거에 출마하려고 하는 사람들은 책을 써서 출판한다. 자신을 유권자에게 알리기 위해서 쓰는 것인데 선거가 임박하여 출판하면서 자신이 직접 쓰는 것이 아니라 다른 사람에게 대필을 시킨다. 대필자에게 자신이 가지고 있는 자료를 주고 자신이 원하는 내용을 들려주고는 대필자에게 쓰게 한다.

자신이 직접 쓰는 것과 대필자가 쓰는 것은 다르다. 자신이 살아온 것을 대필자가 쓰면서 그 사람의 생각이라든가 그 사람의 삶을 어떻게 다 알 수 있겠는가. 평소에 메모하는 습관을 지니고 메모한 내용을 소재로 글을 써 놨다면 그 글을 그대로 자서전으로 출판할 수 있다.

글을 쓰는 사람들에게는 일상생활의 모든 것이 글의 소재가 될 수 있다. 책을 읽을 때나 TV를 시청하거나 산책을 하거나 누구와 이야기를 나눌 때 등 언제 어디서나 소재를 찾아낸다. 순간적으로 글의 소재가 되겠다는 생각이 들면 얼른 메모한다. 소재만 찾으면 글을 쓰는 데 어려움이 없다.

SNS에 처음 글을 올렸을 때 한 지인이 '오탈자가 있어요.'라고 카톡을 보내왔다. 내가 게시한 글을 읽어보니 오탈자가 있었다. 문장도 엉터리였다. 창피하다는 생각이 들었다. SNS에 글을 쓰면서 다시 읽어보지 않고 그냥 게시할 것이 아니라 다시 읽어보고 오탈자도 확인하고 글을 읽는 사람이 편해하게 수정해야겠다는 생각이 들었다. 내가 쓴 내 글이지만 다른 사람들이 읽는다는 것을 생각해야 한다.

블로그에 글을 쓰다 보니까 어떤 글은 조회 수가 많고 어떤 글은 조회 수가 없는 것을 보면서 제목이 중요하다는 것을 알게 되었다. 공개되는 곳에 글을 쓰다 보니 글을 쓰면서 신중하게 쓰게 된다. 누가 보지 않는 글은 어떻게 쓰든 나만 알 수 있으면 된다. 그렇지만 공개되는 곳에 쓰는 글은 다른 사람들이 본다. 글을 읽고 댓글로 응원해주는 사람이 있고, '좋아요'로 응원을 해주는 사람이 있다. 다른 사람들이 올려놓은 글을 읽게 되고, 댓글을 달면서 글쓰기가 즐거워진다.

메모할 때는 좋은 생각이라고 생각했는데 나중에 글을 쓰려고 하니까 메모할 때의 느낌이 떠오르지 않을 때가 있다. 나는 몇 번 이런 경험을 하면서 메모하면서 내 생각을 간단하게 정리하는 버릇이 생겼다. 메모할 때 느낌을 유지하기 위해서는 좋은 생각이 떠오르면 바로 글을 쓰는 것이 좋다. 메모했던 것에 살을 잘 붙이면 쓸모 있는 아이디어가 되고, 좋은 글이 될 수 있다.

요즈음은 IQ(지능지수)나 EQ(감성지수) 외에 WQ(글쓰기 지수)라는 말이 필요한 시대가 되었다. 글쓰기는 생각을 만들어 내고, 지식을 구성하는 중요한 역할을 한다. 생각을 정리해주고 논리적, 창의적 사고를 키워준다.

삶의 모든 순간이 글쓰기 재료다. 삶의 순간순간을 메모해보라고 권하고 싶다. 메모하면서 자기 생각을 메모해보라고 권하고 싶다. 메모하고 메모한 것을 정리하면서 생각을 충돌시켜 새롭고 독특한 방식으로 연결해보라고 권하고 싶다.

메모한 것은 글의 소재가 된다. 글을 쓰기 시작하면 일상생활이 글의 소재가 된다는 것을 알게 된다. 메모하는 사람은 생활하면서 글의 소재를 찾아낸다. 글의 소재가 많으면 글을 쓰는 것이 즐겁게 된다. 소재가 없으면 글을 쓰면서 스트레스를 받지만, 글의 소재가 많으면 글을 쓰는 것이 즐겁다.

글을 쓰는 것이나 책을 쓰는 것을 겁낼 필요 없다. 메모를 열심히 하다 보면 글을 쓰고 싶어지고, 글을 쓰면서 즐거움을 느끼게 된다. 글을 쓰다 보면 책을 쓰고 싶어진다. 책을 쓰고 싶을 때는 겁내지 말고 책을 써보라고 권하고 싶다.

메모하면
하고 싶은 일을
할 수 있다

메모하면서 성공한 사람들은 메모가 인생을 바꾼다고 말한다. 이 말은 메모만 했다고 인생이 바뀐다는 말이 아니다. 메모하는 것에 그치는 것이 아니라 메모를 잘 활용할 때 인생이 바뀐다는 얘기다. 메모해서 인생을 바꿀 수 있다면 메모를 인생을 바꾸는 도구로 활용해 볼 만한 일이다. 메모를 꿈을 찾는 도구로, 꿈을 이루는 도구로, 하고 싶은 일을 하는 도구로 활용해보라. 목표를 달성하는 도구로 활용해보라.

나는 일기장 맨 앞에 내가 하고 싶은 일의 목록을 붙여 놓고 일기 쓰기 전에 읽어보면서 꿈을 키우고 꿈을 이루는 도구로 활용하고 있다. 일일계획을 세우며 하루를 시작하고, 하루를 돌아보면서 마무리하는 시간 갖고 있다. 일기를 쓰면서 나자신과 진지한 대화를 나누면서 내 삶을 컨트롤하는 도구로 활용하려고 한다.

무슨 일을 하며 하루를 살고 있는지 기록해 봐라. 어떤 일

을 하면서 시작하는 시간, 끝나는 시간, 소요시간을 기록해
봐라. 일하는 시간에 어떤 일을 하면서 시간을 사용하고 있는
지 살펴봐라. 시간을 어떻게 사용하고 있는지 알면 시간을 효
율적으로 배분하여 활용할 수 있다. 무의미하게 보내는 시간
이 있다면 의미 있게 보내는 시간으로 바꿔봐라. 짧은 틈새 시
간을 잘 활용하면 많은 일을 처리할 수 있을 뿐만 아니라 인
생을 바꿀 수 있다.

나는 오랫동안 기록해 왔지만 내 꿈을 관리하기 시작한 시
간은 길지 않다. 청년시절부터 꿈을 관리하기 시작한 것이 아
니라 40대에서야 꿈을 관리하기 시작했다. 청년기부터 꿈을
관리했다면, 더 많은 꿈을 키워갈 수 있었을 텐데 하는 아쉬
움이 남는다. 중년 이후부터 꿈을 관리하다 보니까 청년기에
해보고 싶었던 것들은 할 수 없었다. 다행인 것은 늦게나마 꿈
을 관리하기 시작했다는 것이다. 내가 꿈을 늦게 관리하면서
청년기에 해보고 싶었던 일을 못 해서 두 딸은 자신의 꿈을 관
리하라고 꿈의 노트를 선물로 주면서 자신의 꿈을 키워보라
고 했다. 자신의 꿈을 기록해보고 꿈을 이루려고 노력해 보라
고 했다.

메모하는 도구로 작은 수첩을 이용하거나 스마트폰 메모
앱을 사용할 수 있다. 필기도구가 없을 때는 스마트폰이 아주

좋은 도구다. 메모할 수 있는 것이면 어느 것이나 좋다. 별도의 필기도구가 없어도 스마트폰만 있으면 글을 쓸 수 있고, 녹음할 수도 있고, 사진을 촬영할 수도 있어서 좋다. 개인 홈페이지나 블로그를 활용하면 언제 어디서나 필요할 때 볼 수 있다. 아이디어를 추가할 수도 있고 다른 사람들의 댓글에서 새로운 아이디어를 떠 올릴 수도 있다.

메모는 간단명료하게 하는 것이 좋다. 메모할 때 긴 문장보다는 단어나 기호, 그림으로 메모하는 방법으로 바꾸는 것도 좋다. 메모하면서 날짜, 시간, 상황에 대한 정보도 기록으로 남기는 것이 좋다. 메모하고 가능하면 빠른 시간에 메모한 것을 정리해 두는 것이 중요하다. 메모하면서 자신이 한 메모에 끊임없이 질문하면서 살을 붙여보자. 메모를 보면서 질문하고, 질문하면서 생각나는 것이 있으면 메모하자.

나중에 기억나지 않을 경우를 대비해서 메모하는 것이 아니라 나중에 도움을 받기 위해서 기록하는 것이다. 미래에 활용하기 위해서는 미래에 도움이 되는 것을 기록해야 한다. 미래에 도움이 되도록 하려면 적으면서도 생각하면서 적어야 하고, 적는 것으로 끝나는 것이 아니라 수시로 메모를 보면서 생각이나 아이디어를 추가하면서 보완해야 한다. 메모를 인생을 바꾸기 위한 도구로 적극적으로 활용해보라고 권하고 싶다. 내가 하고 싶은 일을 이루기 위해서 사용해야 한다.

메모하면서 언제, 어디서, 무엇을, 어떻게, 왜 메모하는지를 기록해야 한다. 그중에 가장 중요한 것은 왜 기록하느냐다. 왜 메모하고 있는 것인지를 확실히 해야 한다. 메모하고 있는 이유를 알아야 무엇을 써야 하는지, 어떻게 써야 하는지 알 수 있다. 생각 없이 쓰는 메모는 메모하지만, 미래에 다시 보지도 않고, 본다고 하더라도 별로 도움이 되지 않는다. 기왕에 쓸 것이라면 목적을 갖고 쓰는 것이 필요하다.

메모한다고 인생이 바뀌는 것이 아니라 메모를 잘 활용해야 인생이 바뀌는 것이다. 메모한 것을 다시 보지 않으려면 메모하지 마라. 인생을 바꾸려면 메모한 것을 자주 보면서 왜 메모했는지를 생각하면서 정리하는 시간을 갖는 것이 필요하다. 나중에 도움을 받기 위해서는 언제 보더라도 활용할 수 있는 기록으로 남겨놔야 한다.

하루를 의미 있게 보내기 위해서는 일일계획을 잘 세워야 한다. 일주일을 제대로 보내기 위해서는 주간계획을 잘 수립해야 하고, 한 달을 잘 보내려면 월간계획을 잘 세워야 하고, 1년을 잘 보내려면 연간 계획을 잘 세워야 한다. 꿈을 이루기 위해서는 종이에 기록한 꿈의 목록을 가져야 한다. 자주 꿈의 목록을 보면서 꿈을 이루기 위해서 노력해야 한다.

인생을 바꾸기 위해서는 시간 관리가 아주 중요하다. 시간을 잘 관리하면 인생은 바뀐다. 일일계획은 시간을 잘 관리해주는 아주 좋은 도구다. 인생을 바꾸고 싶은 사람이 있다면 하루를 보내면서 무의미하게 보내는 시간이 없는지 반드시 확인해야 한다. 틈새 시간을 활용할 수 있는 방법을 찾아야 한다. 일일계획을 작성하면 무의미하게 보내는 시간을 줄일 수 있다. 빌 게이츠는 출퇴근 시간을 줄이려고 회사 근처로 집을 옮겼다고 한다. 무의미하게 보내는 시간을 의미 있는 시간으로 바꾸고, 그냥 흘려버리는 틈새 시간을 의미 있는 시간으로 바꿔보자. 메모를 시간을 관리하는 도구로 활용해보자.

메모라는 도구를 어떻게 사용하느냐에 따라 인생이 행복할 수도 있고 불행할 수도 있다. 나는 메모하면서 인터넷 바둑에 빠졌을 때 거기서 빠져나오게 했다. 내 인생을 바꾸는 도구로 활용하지 못했기 때문에 내 인생을 바꾸지는 못했지만, 도덕적으로 바르게 살아가도록 이끌기는 했다. 나는 여러분에게 메모를 적극적으로 자신의 인생을 바꾸는 도구로 활용해보라고 권하고 싶다.

메모라는 도구를 어떻게 사용하느냐에 따라 인생이 크게 달라진다. 메모하면서 왜 메모하는지를 염두에 두고 메모해야 한다. 꿈의 목록을 구체적으로 적어놓고 꿈을 이루는 도구로 사용하면 꿈이 이루어진다. 자신의 목표를 적어 자주 볼 수 있는 곳에 놔두고, 자주 보면서 목표를 달성하는 도구로 사용하면 목표를 달성할 수 있다. 메모를 틈새 시간을 활용하는 도구로 사용하면 틈새 시간을 이용하여 하고 싶은 일을 할 수 있다.

메모를 자신의 인생을 바꾸는 도구로 적극적으로 활용하면 일상을 더 쉽고 더 편하게 살 수 있다. 하고 싶은 일을 하면서 행복하게 살고 싶으면 메모를 하고 싶은 일을 하는 도구로 활용하라.

여덟 번째

일기를 쓰면
나쁜 습관을
버릴 수 있었다

부자로 살면서 불행하게 사는 것보다 부자는 아니지만, 행복하게 사는 것이 좋다. 직장생활을 하며 높은 지위에는 오르지 못했지만, 행복한 것이 더 좋다. 자기가 좋아하는 것을 하면서 자신의 행복을 즐길 줄 아는 것이 더 바람직하다. 과거에서 벗어나지 못하거나 미래의 걱정 때문에 현재를 즐기지 못하는 것은 어리석은 일이다. 자신이 하고 싶은 일을 하면서 순간을 즐기고 보람차게 보내면 행복은 저절로 찾아온다.

어릴 때부터 지금까지 꿈을 가지라는 얘기를 수없이 들어왔다. 꿈이 중요하다고 하면서도 그 누구도 어떻게 하면 꿈을 가질 수 있는 것인지 가르쳐주는 사람은 없었다. 꿈을 가지라고 하면서도 어떻게 하면 꿈을 가질 수 있고, 꿈을 이루는 방법을 알려주는 사람은 없었다. 꿈에 관한 이야기를 하면서 가장 중요한 꿈을 어떻게 키우고 어떻게 이루는지는 얘기하지 않는다. 부자가 되어야만 행복한 것이 아니다. 지위가 높아야 행복한 것이 아니다. 자신이 하고 싶은 일을 하면서 사는 것이 진짜 행복이다.

좋은 습관은 행복을 가져다주지만 나쁜 습관은 행복을 빼앗아 간다. 좋은 습관은 많이 가질수록 좋지만 나쁜 습관은 행복을 빼앗아 가기 때문에 모두 버려야 한다. 나쁜 습관을 버리는 것이 행복의 시작이다. 아는 사람 중에 도박에 미쳐 패가망신한 사람이 여러 명 있다. 건물도 몇 채씩 가지고 있었고 경제적으로는 넉넉한 편으로 사는 데 어려움이 없었다. 직장생활하는 것이 경제적인 문제를 해결하려는 것이 아니라 그냥 시간을 보내기 위한 수단으로 살았다.

지인이 도박에 빠지면서 가지고 있던 건물들이 모두 빚에 넘어가고, 가지고 다니던 승용차도 넘겨주고, 자기가 사는 집마저 넘겨주고 직장에서도 해고되고 말았다. 퇴직하면서 빚을 갚느라고 연금으로 받지 못하고 일시금으로 받아 퇴직금도 모두 날려버렸다. 자기 집에 살다가 전세로 옮기고, 전세로 살다가 다시 월세로 옮겨야 했다. 퇴직해서도 돈을 벌어야 당장 생계를 유지할 수 있게 되었다.

월급에다 월세를 받으며 여유 있게 살다가 본인뿐만 아니라 가족도 일해야만 가족들이 생계를 유지할 수 있게 되었다. 그동안 안락하게 생활하던 가족의 행복은 깨져버렸다. 그런데도 아직 그 버릇을 버리지 못하고 있다. 나쁜 버릇은 그처럼 버리기가 어렵다. 마력이 있기 때문이다. 한 번 중독되면 금단현상이 있어서 조그마한 유혹에도 넘어가게 되어있다. 유혹을 뿌리치기 어렵다.

세상에는 행복을 가져다주는 것도 있지만 행복을 빼앗아 가는 것도 있다. 행복을 가져다주는 일은 많으면 많을수록 좋지만, 행복을 빼앗아 가는 일은 하나도 없어야 한다. 행복해지기 위해서는 행복을 빼앗아 가는 것이 무엇인지 알아야 한다. 메모하면서 불행하다는 생각이 들 때 그렇게 만드는 것이 무엇인지 곰곰이 생각해 봐야 한다. 불행하게 만드는 것들의 목록을 적어놓고 버리는 노력을 해야 한다. 메모를 불행하게 하는 것을 버리는 도구로 활용해야 한다.

나쁜 습관에 한 번 빠지면 헤어 나오기가 정말로 어렵다. 노름이나 경마는 마력이 있어 한 번 빠지면 빠져나오기 어렵다. 자꾸 하게 되고, 자꾸 하다 보면 중독된다. 자꾸 하고 싶고, 밤을 새우며 몸도 망가지고 정신도 망가져 간다. 자신뿐만 아니라 자신과 가장 가까운 가족들이 모두 불행해진다.

인생을 살아가며 얻을 수 있는 가장 큰 기쁨 중 하나가 꿈을 이루는 것이다. 꿈의 목록을 기록해 두고 꿈을 실현하기 위해 최선을 다하는 사람이 행복을 누린다. 꿈을 가져야 꿈을 이루고, 꿈을 이루는 경험을 해야 행복을 느낀다. 안주하는 것은 가능한 것을 포기한다는 것이다. 새로운 꿈을 가지려고 하지 않고, 꿈에 도전하지 않고 현실에 안주하며 꿈을 포기하거나 새로운 꿈을 꾸지 않으려는 사람이 있다. 이런 사람은 꿈을 이루는 기쁨을 느껴 볼 수 없다.

많은 사람이 자신이 하고 싶은 일보다 급한 일을 먼저 하면서 정작 자신이 좋아하는 일에 시간을 투자하지 못한다. 이런 사람들은 자신의 의지와 상관없이 해야 할 일만 하면서 지루한 하루하루를 보내게 될 것이다. 현실에 안주하면 그러한 삶에 익숙해져 꿈을 꾸거나 꿈을 이루는 경험을 할 수 없다. 꿈을 이루면서 느끼는 행복을 경험하지 못하게 된다.

행복한 경험보다 물질적인 것을 중요하게 여기는 사람이 있다. 평소 원하는 물건을 가지게 되면 일시적으로는 행복함을 느낀다. 원하는 물건을 가질 때는 잠시 행복을 느낄지 모르지만 남이 더 좋은 것을 가진 것을 보면 그것을 갖고 싶어한다. 욕망은 끝이 없어 지속적인 행복을 유지하기 어렵다. 세상을 살아가며 행복한 경험을 많이 만들면 살아가며 힘들고 어려울 때 극복할 힘이 된다. 행복한 경험이 많으면 살아가는데 활력소가 된다. 세상을 살아가며 오랜 친구들과 자주 만나서 저녁을 먹거나 여행하는 것, 가족과 보내는 시간, 사랑하는 딸과 만남과 같이 행복한 경험을 많이 쌓아가는 것이 행복이고 더 의미 있는 일이다.

좋은 습관은 오랫동안 노력해도 습관으로 굳어지기 어렵지만, 나쁜 습관은 단 한 번에 빠져들기 쉽다. 그래서 나쁜 것은 습관이 되기 전에 빨리 떨쳐내야 한다. 나쁜 것이 한 번 습관이 되면 버리기 쉽지 않다. 기존에 가지고 있는 나쁜 습관을 버리기 위해서는 버려야 할 것이 무엇인지 메모하여 나쁜 습관을 버리는 도구로 활용해야 한다. 일기를 쓰면서 자신의 삶을 되돌아보며 나쁜 습관을 만들지 않는 것이 중요하다.

나쁜 습관을 버리는 것이 행복의 시작이다. 행복하기 위해서는 반드시 나쁜 습관을 버려야 한다. 그러나 나쁜 습관을 버리는 것은 생각처럼 쉽지 않다. 나쁜 습관을 버리기 위해서는 철저하게 준비해야 한다. 버릴 것이 무엇인지 구체적으로 메모해야 한다. 매일 일일계획을 세우면서 버려야 할 것이 무엇인지 기록해야 한다. 매일 계획한 것을 점검하면서 지켰는지 확인해야 한다. 의식적으로 하지 않으려고 노력해야 한다.

나쁜 습관을 버리는 것은 생각보다 쉽지 않다. 나쁜 습관을 버리는 데는 많은 시간이 걸릴 수 있다. 버렸다는 생각이 드는 것도 유혹에 넘어가 나도 모르게 무심코 다시 하게 될지 모른다. 유혹을 이기기가 쉽지 않다. 그래서 나쁜 습관을 버리는 것은 생각했던 것과 달리 쉽지 않은 일이다. 나쁜 습관을 버리는 데 오랜 시간이 걸리더라도 행복하기 위해서는 구체적으로 메모하여 버리려고 노력한다.

나쁜 습관은 버렸다는 생각이 들어도 유혹하면 다시 유혹에 빠져들기 쉽다. 나쁜 습관은 버렸다는 생각이 들더라도 항상 경계해야 한다. 오랫동안 일일계획을 세우면서 버려야 할 일을 구체적으로 기록하여 자주 보면서 경계를 해야 한다. 유혹이 왔을 때 어떻게 유혹을 물리쳤는지를 기록하면서 유혹을 물리쳐야 한다.

부귀와 영화를 누린다고 행복한 것이 아니라 자신이 하고 싶은 일을 하면서 사는 것이 행복이다. 당신은 당신의 인생을 사랑하는가? 그렇다면 행복을 빼앗아 가는 나쁜 습관 때문에 시간을 낭비하지 말고 나쁜 습관을 버리고 행복하게 살기 위해서 메모하자.

🔆 행복을 빼앗아 가는 나쁜 습관

① 부정적으로 생각하는 것
② 남 탓하는 것
③ 남 따라 하기
④ 남들과 자신을 비교하기
⑤ 실수를 무시하기

메모 습관이
삶을 바꾼다

메모하는 습관이
삶을 바꾼다

　단 한 번 주어진 유한한 인생을 행복하게 살아가기 위해서는 자신을 행복하게 만드는 것이 무엇인지 알아야 한다. 자신이 하루를 무슨 일을 하면서 보내는지, 자주 하는 일이 무엇인지 살펴보고 목록을 만들어보자. 자신이 행복하게 살아가는 데 긍정적인 영향을 미치는 일들의 목록과 부정적인 영향을 미치는 일들의 목록을 적어보자. 긍정적인 영향을 미치는 일은 늘리고 부정적인 영향을 주는 일은 제거하자.

　잠시 하던 일을 잠시 멈추고 자신이 언제 행복을 느꼈는지, 무엇을 할 때 행복을 느끼는지 그 순간을 글로 적어놓자. 무엇이 행복을 느끼게 했는지 적어보자. 행복을 느끼는 그 순간을 오랫동안 간직할 수 있도록 기록을 남기고 반추할 수 있는 시간을 가져보자. 행복한 순간을 보는 것만으로도 행복을 느낄 수 있다. 행복을 느꼈던 순간의 기록을 잘 남겨 놓는 것이 행복한 삶을 준비하는 일이다.

행복하게 살고 싶으면 자신을 행복하게 하는 일을 찾아서 해야 한다. 그런데 많은 사람이 남의 눈치를 보면서 남이 좋아하는 일을 하면서 사는 사람이 있다. 다른 사람들로부터 인정받고 싶어서 다른 사람들이 좋아하는 일을 하면서 사는 사람이 있다. 관계가 멀어질까 봐 관계를 유지하려고 상대방이 좋아하는 일을 하는 사람이 있다. 남의 눈치를 보지 않고 자신이 소중하게 생각하는 일, 하고 싶은 일을 하며 사는 것이 행복의 시작이다. 자신이 소중하게 생각하는 일이나 하고 싶은 일의 목록을 만들어 봐라. 자주 보는 곳에 두고 실행해보자.

시간이 무한정이라면 뭐를 하면서 살아도 상관이 없지만, 하고 싶은 일을 하면서 살기에도 시간이 부족하다. 하루하루를 어떻게 보내는가에 따라 인생이 달라진다. 소중한 일, 하고 싶은 일을 하면서 행복한 경험을 많이 만들면서 살아보자. 돈이 많다고 행복한 것이 아니라 자신이 하고 싶은 일을 하면서 살 때 행복을 느낄 수 있다.

경제적으로 남부러울 것이 없는 친구가 세상을 정리할까 하는 생각을 했었다고 한다. 세상을 사는 맛을 느낄 수가 없었단다. 그런데 농사를 지으면서 사는 맛을 찾았다고 한다. 직접 농사를 짓는 것보다 사서 먹는 것이 더 싼데도 농사를 짓는다고 한다. 자기가 심은 고추가 자라는 것을 보면서, 땀을 흘리며 일하면서 사는 맛을 느끼고 있다고 했다. 자신이 좋아하는 일은 남이 어떻게 보느냐와 상관이 없다. 내가 좋아하면 되는 것이지 다른 사람이 보는 시각을 의식할 필요가 없다. 큰 것이어야 할 이유도 없고, 작은 것이라고 무시할 필요도 없다.

행복하게 살고 싶으면 남의 눈치를 보지 말고 자신이 하고 싶은 일을 해야 한다. 자신이 하고 싶은 일을 하는 것이 행복의 시작이다. 다른 사람들은 아무것도 아니라고 생각하는 일이 나에게는 소중한 일일 수 있다. 다른 사람들이 뭐라 하던 내가 좋아하면 되는 것이다. 다른 사람들은 만족해하는데 나는 만족을 느끼지 못할 때가 있다. 행복의 기준을 너무 높게 설정했기 때문이다.

에니어그램 성격검사를 하다 보면 1번 유형의 사람들은 만족하는 기준을 너무 높이 설정하는 경향이 있다. 일을 완벽하게 해야 만족하는 성향이 있다 보니 만족하는 기준을 완벽하게 하는 것으로 설정하는 경향이 있다. 행복의 기준을 너무 높게 설정하다 보니 행복을 경험하지 못하는 사람이 많다. 만족해하는 기준을 너무 높이 설정하다 보니 다른 사람들은 만족해하는데 자기는 만족을 느끼지 못한다.

목표를 달성하지 못할 만큼 높게 설정해 놓으면 기준에 도달하기 힘들다. 그러다 보니 행복의 기준을 너무 높게 설정하면 행복한 경험이 적을 수밖에 없다. 행복하게 살기 위해서는 행복한 경험을 자주 경험해야 한다. 행복한 경험을 많이 갖기 위해서는 행복의 기준을 낮춰야 한다. 조금만 기준을 낮춰도 만족을 느낄 수 있다.

만족해하는 기준을 숫자로 표시해봐라. 왜 다른 사람들은 만족해하는데 나는 만족해하지 못하는지 살펴봐야 한다. 살 펴더라도 객관적인 시각에서 세심하게 살피지 않으면 이유를 발견하기 힘들다. 자신이 만족해하는 기준을 높이 설정했다 는 것을 알아야 하는데 그것을 알아차리기 쉽지 않다. 행복하 게 살기 위해서는 그것을 알아차리고 기준을 낮춰야 한다. 자 신이 만족할 수 있는 기준이 어느 정도인지 기록하여 의식적 으로 노력해야 한다.

목표를 수치화시켜서 구체적이고 객관적으로 결과를 판단 할 수 있도록 해봐야 한다. 대부분 사람이 100점 만점에 80 점이면 만족해하는데 자기만 95점 이상이 되어야 만족하는 기준으로 설정하면 다른 사람들은 만족해하지만, 자기는 만 족을 느끼지 못하게 된다. 85점은 쉽게 달성할 수 있지만 95 점 이상을 달성하기는 어렵다.

달성할 수 있는 점수를 만족해하는 기준으로 설정하자. 95 점이 아니라 85점을 만족하는 기준으로 설정해 보자. 그러면 행복한 경험을 더 많이 할 수 있다. 기준을 너무 높게 설정해서 기준에 못 미쳐 만족을 느끼지 못하는 것보다 기준을 낮추어 만족을 느끼는 것이 필요하다. 열심히 해서 95점이나 100점이 되면 더 좋은 것이라고 생각을 바꾸면 된다.

행복하게 살고 싶으면 무슨 일이든 단순하게 생각할 필요가 있다. 단순하게 생각하면 중요한 일에 자신의 능력을 집중시킬 수 있다. 어려운 일이 닥쳤을 때 미루면서 시간이 지나면 저절로 해결될 것으로 생각해서는 안 된다. 피하려고 하기보다는 단순하게 생각하며 해결방법을 찾다 보면 그 답을 찾게 될 것이다. 시간이 해결해준다는 말이 있지만, 실제로 변화시켜야 하는 것은 시간이 해결해주는 것이 아니라 바로 자신이 변해야 한다.

자신이 하고 싶은 일이 무엇인지 생각하면서 목록을 적어보라. 큰일만 적으려고 하지 말고 작고 사소한 것도 적어보고, 쉬운 일만 적지 말고 어렵고 힘든 일도 적어봐라. 살아가면서 하고 싶은 일이 있을 때마다 적어보라. 그리고는 자신이 하고 싶은 일을 하나하나 행동으로 옮겨봐라. 성공한 사람들은 대부분 즐겁고 자발적으로 일에 뛰어든다. 자신이 하고 싶은 일을 하며 살고 싶으면 일을 쉽고 단순하게 할 수 있는 방법을 찾아야 한다. 자신이 하고 싶은 일을 하며 행복한 경험을 맛보는 것이 행복의 시작이다.

하고 싶은 일을 할 때 행복을 느낄 수 있고, 행복한 경험을 쌓아가면서 행복을 느낄 수 있다. 행복한 경험은 힘들고 어려울 때 극복할 수 있는 힘이 된다. 하고 싶은 일을 찾아 기록해 두고 그 일을 했을 때 어떤 느낌이 들었는지 상세하게 기록해 보라. 언제 다시 보더라도 그때의 느낌을 느낄 수 있도록 자세하게 남겨야 한다. 사진이나 관련 자료들도 같이 남기면 언제 보더라도 행복한 경험을 그대로 느끼는데 도움이 된다. 그 기록은 인생을 살아가는데 피가 되고 살이 된다. 어렵고 힘들 때 그 기록을 보면서 극복할 수 있다.

메모를 습관화하면 삶이 바뀌고, 행복하게 살아가는 방법을 알게 된다. 자신이 무슨 일을 하든지 자신을 돌아보면서 행복하게 살아가는 방법을 찾아갈 수 있다. 딱 한 번뿐인 인생이다. 행복한 순간을 메모하면서 행복을 찾아가자.

두 번째

메모는
삶을 지켜주는 도구다

메모는 인생을 살아가며 더 재미있게, 더 행복하게 살아갈 수 있도록 삶을 지켜주는 도구다. 일기를 쓰면, 하루를 더 멋지게 살게 하지는 못하더라도 최소한 오늘 하루 자신이 무엇을 했는지는 되돌아보게 된다. 자신을 되돌아볼 수 있다는 것은 자신이 잘못된 길로 가는 것을 막을 수 있다는 것이다.

세상을 살아가며 갓길을 걷지 않고 정도만 걸어가는 사람이 얼마나 될까? 세상에는 우리를 유혹하는 것이 너무도 많다. 때로는 게으름이 유혹할 때가 있고, 때로는 향락이 유혹할 때도 있고, 때로는 명예가 유혹할 때가 있고, 때로는 돈이 요구할 때가 있고, 때로는 마약이 유혹할 때가 있고, 때로는 담배가 유혹할 때가 있고, 때로는 도박이나 경마가 유혹할 때가 있다. 우리를 유혹하는 것이 너무도 많다.

담배를 피우는 사람들은 건강에 좋지 않다며 담배를 끊으려고 하는데 담배를 피우지 않는 청소년들은 호기심을 이기지 못하고 담배를 피우는 경우가 있다. 담배가 몸에 해로 우니까 피우지 말라고 하는데도 어른의 흉내를 내고 싶어서, 담배를 피우는 사람의 모습이 보기 좋다며 흉내 내려고 담배를 입에 대면서 담배를 피우게 된다. 청소년 시절에는 '하지 마라'라고 하는 것이 더 하고 싶어진다. 혼내면 보이지 않는 곳에서 몰래 피운다.

내가 청소년 시절부터 일기를 쓰며 꿈을 갖고 꿈을 키워가는 행복의 경험을 맛보았다면 인생이 달라졌을 것이다. 일기를 썼더라면 어떤 것이 유혹해 오더라도 유혹에 넘어가지 않았을 것이다. 꿈을 가지면서, 꿈을 이루면서 행복한 경험을 많이 쌓아갔을 것이다. 행복의 경험은 돈으로 살 수 있는 것이 아니라 자신이 만들어야 하는 것이다. 그런 경험은 인생을 살아가는 힘이 되는 것이다.

향락에 빠져 있는 동안에는 행복한 것 같지만 그것은 잠시다. 도박이나 경마에서 큰돈을 벌 것 같지만 허황한 꿈을 꾸는 것이다. 결국에는 패가망신하는 길을 걷게 된다. 몸도 망가지고, 정신도 망가지고, 인간관계도 망가지고, 가족은 엉망진창이 된다. 성경 말씀에 세상을 다 갖더라도 제 목숨을 잃으면 무슨 소용이 있느냐는 말이 있다. 일기는 몸도 지켜주고, 정신도 지켜주고, 행복도 지켜주는 아주 좋은 도구다.

고등학교 동창회 모임에 참석했는데 한 친구가 지난 1년 동안 큰 수술을 두 번이나 받았다고 했다. 뇌출혈로 큰 수술을 받았다고 했다. 다행히 신속하게 대처하는 바람에 신체에 마비가 오는 현상은 없었다고 했다. 그뿐 아니라 쓸개가 부어 조금만 늦게 병원에 갔더라면 쓸개가 터져 사망할 수도 있었다며 건강을 챙기라고 했다. 건강할 때 건강을 챙기라는 말이 있다. 그런데 많은 사람이 건강할 때 건강을 챙기지 못하고 돌이킬 수 없는 상황이 되어서야 후회한다.

우리의 삶도 마찬가지다. 노년의 준비는 노년에 하는 것이 아니다. 젊어서 노년 준비를 하라고 하면 젊은 시절이 영원할 것으로 착각하고 노년의 준비를 하지 않는다. 퇴직자 교육에 참여했는데 연금 수급자의 평균 수령 기간이 10.2년이라고 한다. 노년의 준비를 하지 않으면 노년의 삶이 지루하고, 삶의 의미를 느끼지 못하다 보니 수명이 짧아진다. 연금을 받으니까 사는 데 어려움이 없을 것으로 생각할지 모르지만, 막상 퇴직하고 보니까 연금수입만으로는 최저 생활하는 정도다. 내가 하고 싶은 것을 하면서 살려면 연금수입으로는 부족하다.

자신의 삶을 지키기 위해서는 일기를 써야 한다. 일기를 쓰면서 일일계획을 세우고 계획했던 것을 실행했는지 확인하는 일을 지속한다면, 자신을 불행하게 하는 일은 하지 않을 것이다. 최소한 잘못된 길로 가는 것은 막을 수 있다. 꿈을 키워가면서 행복의 경험을 하나하나 쌓아 갈 것이다. 일일계획을 세우면서 잘못된 습관을 고치겠다며 잘못된 습관을 하지 않겠다고 적으며 다짐할 것이다. 그러다 보니 잘못된 유혹이 오더라도 잘못된 유혹에 넘어가지 않게 된다.

더 오래 더 행복하게 살기 위해서는 충분한 숙면을 취하는 것이 중요하다. 시간을 아낀다며 밤늦게까지 일하는 사람들이 있는데《숙면의 약속》저자 윌리엄 C. 디먼트에 따르면 충분한 수면은 식단조절, 운동, 유전적 요인보다도 평균수명에 더 좋은 영향을 준다. 그들은 수면 부족이 심장 질환, 교통사고와 비교할 수 없을 만큼의 정신적, 심리적 장애와 관련 있다고 주장한다. 충분한 숙면은 직장생활 하는데 더 효율적이고 생산적이다.

심심할 때 시간을 보내기 위해 스마트 폰에 게임 앱을 설치했던 적이 있다. 심심할 때 시간을 보내려고 설치했던 게임이 틈만 나면 게임을 하게 되고, 저녁에도 밤늦게까지 게임을 하게 만든다. 자면서도 자꾸 게임에 대한 생각이 나서 금방 잠이 들지 않아서 힘들었던 적이 있다. 게임을 하며 밤늦게 자다 보니 아침에 일어날 때도 힘들고, 출근해서도 졸음이 몰려와 참는 것이 힘들었던 적이 있다.

일기를 쓰면서 오늘 하루 했던 일을 적으면서 게임에 빠져 헛되게 시간을 낭비했다는 것을 인식하게 되었다. 내일은 게임을 하지 않겠다고 다짐하며 일일계획을 세우며 게임을 하지 않기를 기록했다. 그렇지만 저녁에 일기를 쓰면서 생각해 보니 게임을 하자는 유혹이 왔을 때 물리치지 못하고 게임을 했던 적이 있다.

집에 가면 가족들이 연속극을 보고 있는데 같이 있다 보면 나도 모르게 연속극을 보게 된다. 연속극을 보게 되면 끝날 때 다음에 어떻게 전개될 것인지 궁금하게 끝을 맺다 보니 다음에 또 연속극을 보게 만든다. 그러다 보면 TV와 친해져서 내가 하고 싶은 일을 하지 못하게 된다.

일기를 쓰며 일일계획을 세우고, 계획했던 것을 다 이행했는지 확인하고, 무엇을 하며 시간을 보냈는지를 기록하다 보니 무의미하게 보냈다는 것을 알게 된다. 일기를 쓰면 금방 자신이 무슨 일을 했는지를 알 수 있지만 일기를 쓰지 않으면 자신이 무슨 일을 하며 시간을 보내는지 느끼지 못할 때가 있다. 그러다 보니 시간을 조정하지 못하고 끌려다니게 된다.

잘못된 습관을 갖지 않기 위해서는 나쁜 행동은 가능한 빨리 고쳐야 한다. 습관으로 변하게 되면 고치기가 쉽지 않다. 일기를 쓰는 것은 나쁜 습관을 갖지 않게 하는 도구로 활용한다면 나쁜 행동을 했다면 금방 알 수 있어 자신의 삶을 지켜준다. 뿐만 아니라 행복의 경험을 많이 만들어 주고 시간을 자신의 삶을 변화시키는데 활용할 수 있다.

우리를 유혹하는 것들이 잠깐은 즐겁고, 재미있을지 모르지만 오래 하다 보면 후회하게 된다. 유혹에 빠지지 않으려면 일기를 써야 한다. 나쁜 행동을 하지 않기 위해서는 자신도 모르게 하는 행동을 알아야 한다. 일기를 쓰면 자신도 모르게 하는 나쁜 행동을 알 수 있다. 나쁜 것은 습관이 되기 전에 얼른 버려야 한다. 그래야 더 오래 행복하게 살아갈 수 있다.

지인이 검찰로부터 참고인 조사를 받으러 오라고 하여 공무원 업무수첩을 가지고 갔다. 건설업자가 사무실에서 뇌물을 전달했다고 주장해서 업무수첩을 열어보니까 그날 그 시간에 회의에 참석해서 사무실에 없었고 업무수첩에는 회의내용이 기록되어 있었다. 업무수첩을 제시하여 위기를 모면할 수 있었다.

업무수첩을 기록하지 않았더라면 뇌물을 전달했다고 주장하는데 받지 않았더라도 받지 않았다는 증거를 제시하기 어렵다. 줬다고 주장하고 증거가 없으니까 계속 의심을 받을 수밖에 없다. 동료직원 중 한 명이 뇌물을 받지 않았는데도 뇌물을 줬다고 주장하여 1년 동안 교도소에 수감 되었던 적이 있다. 뇌물을 받지 않았는데도 정신적 고통을 겪어야 했다.

　나쁜 짓을 한 사람에게는 업무수첩이 자신을 괴롭히는 족쇄가 될지 모르지만, 성실하게 살아가는 사람에게는 업무수첩이 자신을 보호하는 무기가 될 수 있다. 나쁜 짓을 하는 사람은 검찰 조사를 받을 때 업무수첩을 감추려고 하지만 떳떳한 사람은 자신이 보호받기 위해 업무수첩을 가지고 간다.

세 번째

회사에서
업무수첩을 주는 데는
이유가 있다

쓰지도 않는 업무수첩을 회사에서는 왜 직원들에게 매년 주고 있는가? 업무를 수행하면서 업무능률을 향상하고, 창의적으로 활용하라고 주는 것이다. 그런데 직원 중에는 업무수첩을 잘 활용하는 직원도 있지만, 업무수첩을 전혀 사용하지 않는 직원이 있다. 업무수첩을 사용하는 사람도 업무수첩을 제대로 활용하지 못하는 직원이 많다. 업무수첩을 활용하는 방법에 대한 교육을 받은 적은 없기 때문이다. 수첩을 활용하는 방법을 배운 적이 없기 때문에 어떤 것을 기재해야 하는지, 어떻게 활용해야 하는지 모른다.

고등교육을 받은 사람이니까 사용법을 가르쳐주지 않아도 업무수첩을 잘 활용할 것이라는 생각 때문에 교육하지 않는지 모르지만, 학교에서도, 36년 동안 공직생활을 했던 직장에서도 단 한 번도 업무수첩을 활용하는 방법에 대해 교육받은 적이 없다. 공직생활을 하면서 매년 업무수첩을 받았지만, 업무수첩을 쓰는 방법에 대해서 교육을 받는 적이 없다. 공부할 때도 노트를 어떻게 쓰는 것인지 배우지 않았다.

업무수첩을 쓰는 방법까지 교육할 필요가 있느냐고 할지 모르지만, 업무수첩을 어떻게 활용하느냐에 따라 업무성과가 달라진다. 업무수첩을 잘 활용하는 사람은 오늘 무엇을 해야 하는지, 이번 주에 무엇을 해야 하는지 알고 있다. 업무수첩을 활용하지 않는 사람은 무계획적이다. 9시까지 출근하고 6시면 퇴근하는 것으로만 생각한다. 업무수첩을 활용하는 방법에 따라 성과가 다르다면 작성 방법을 교육하는 것이 맞다.

《성공하는 사람들의 7가지 습관》이라는 책을 읽으며 메모가 중요하다는 것을 알게 되었다. 그때부터 프랭클린 planner를 쓰기 시작했고, 업무수첩을 쓰면서 업무를 추진하는 데 도움이 되도록 활용하기 시작했다. 업무수첩을 쓰면서 월간계획서를 작성하는 곳에는 이때까지는 일정만을 기록해 왔는데 한 달 동안 무슨 일을 할 것인지 미리 챙겨보는 도구로 활용했다.

나는 업무수첩에 일정 공간을 배정하고 수시로 필요한 통계자료를 정리해 놓고 매월 변경되는 자료는 항상 현재 시점의 통계자료가 되도록 매월 변경했다. 업무수첩의 일정 공간을 배정하여 업무를 추진하며 개선해야 할 일, 불합리한 일이 발견되는 대로 기록했다. 매일 해야 할 일이나 매일 했던 일

등을 기록하면서 매월 말에는 한 달 동안 무슨 일을 했는지 결산하여 지난달과 이번 달의 실적을 비교할 수 있도록 했다.

성과가 올라갔거나 내려가면 원인을 파악했다. 성과가 올라가면 올라간 이유가 무엇인지 파악하려고 했고, 성과가 내려가면 성과를 올릴 방법을 찾으려고 했다. 개선방법을 찾아 시행하면서도 효과가 있는지, 문제는 없는지, 더 좋은 방법은 없는지 계속 관찰하며 찾으려고 했다. 실무자로 일을 할 때는 직접 내가 하면 되지만, 부하 직원에게 시킬 때는 직원들이 일하는 데 도움이 되는지, 불필요하게 부담만 주는 것은 아닌지를 살폈다. 성과를 올리는 것도 중요하지만, 직원들이 일하는 데도 편하게 할 수 있는 방법을 찾으려고 했다.

매월 말일에는 월말 결산을 했다. 월말 결산하는 것이 불필요한 일이라고 생각하는 사람이 있다. 월말 결산은 시간을 낭비하는 불필요한 일이 아니라 문제점을 파악할 수 있게 하고, 문제를 해결하게 해주고 성과를 올리게 한다. 월말 결산을 하는데 다소의 시간은 필요하지만, 결산하면 오히려 시간을 절약할 수 있다. 갑자기 상사가 자료를 요구할 때 자료를 파악하느라고 시간을 낭비할 필요가 없다.

메모를 기억의 보조 장치로만 쓰는 것은 메모가 가진 힘 중 일부만 사용하는 것이다. 메모하면서 단순한 사실만 나열하지 말고 내게 필요한 자료로 만들어 놔야 내게 필요한 자료가 된다. 메모하고 잘 정리해 놓으면 업무를 처리하면서 문제도 해결하고, 성과도 올리고, 업무처리 시간을 줄여주고, 일을 편하게 하면서 일 잘한다는 소리를 들을 수 있다.

업무수첩을 잘 활용하면 업무의 효율성이 크게 올라간다. 필요한 자료들을 잘 정리해두면 언제 어디서나 펼쳐보기만 하면 필요한 정보를 볼 수 있다. 필요한 자료가 잘 정리되어 있으면 마음이 편해진다.

업무수첩에 업무를 추진하며 개선해야 할 일, 불합리한 일이 발견되는 대로 기록하면 자신의 업무를 개선할 수도 있고, 제안을 통하여 불합리한 문제를 해결할 수도 있다. 업무수첩의 일정 공간을 업무를 추진하며 개선해야 할 일, 불합리한 일을 기록하는 공간으로 활용해보라.

일정 규모 이상의 건축물을 건축할 때에는 건축비의 0.5% 내지 0.7% 이하의 범위내에서 미술장식품을 설치하게 되어 있다. 그런데 이 규정이 예술가나 그 건물에 입주하는 입주자들에게 도움이 되는 것이 아니라 건축업자의 비자금을 만들어 주는 역할을 한다는 얘기를 예술가에게서 듣고 업무수첩에 기록해놨다가 개정되도록 하기로 했다.

업무를 담당하면서 제안했으나 채택되지 않았고 다른 부서로 옮겨서 개인적으로 시도하기로 했다. 공무원이 아닌 것처럼 집 주소와 집 전화번호를 기재했다. 그랬더니 집으로 전화가 왔는데 아내가 받았더니 남편의 직업이 무엇이냐고 물어 시흥시청에 근무하는 직원이라고 하니까 무슨 과에 근무하느냐고 물어서 알려주자 담당업무도 아닌데 왜 자꾸 민원을 넣느냐고 했단다.

다른 부서로 옮겼지만, 업무수첩에 개선할 내용으로 적어놓고 처리 과정을 지켜보면서 개정될 때까지 계속해서 민원을 넣었더니 개정하겠다고 했다. 예술가에게도, 입주자에게도 도움이 되지 않는 규정을 고치는 데 몇 년이 걸렸다. 금방 개정된 것은 아니지만, 이삼 년 지나니까 개정되었다. 아마 업무수첩에 개선해야 할 사항을 기록하는 공간을 만들지 않았더라면 불가능한 일이었을 것이다.

전임자들이 하는 일을 그대로 답습하지 말고 더 좋은 방법은 없는지 찾아보라. 하지 않아도 되는 일을 하면서 불필요한 시간을 낭비하고 있는 것은 없는지 확인해봐라. 불합리한 일을 못 본 체하지 말고 개선해 봐라. 본인에게도 도움이 되고 후임자에게도 도움이 된다. 성과도 오르고 일도 편해진다.

일과 시작하기 전에 하루 동안 해야 할 일을 적어보라. 그리고 업무를 중요도에 따라 우선순위를 부여해보라. 가장 먼저 해야 할 일은 중요하고 급한 일이다. 하루를 마무리하면서 계획했던 일을 이행했는지 확인해 보라. 매월 말일에는 한 달 동안 했던 일을 결산하는 일을 가장 우선순위에 두라.

메모하다 보면 다른 사람의 이야기를 받아 적어야 할 때가 있다. 잘 받아 적으려면 이야기할 때 바로 적어야 한다. 조금 있다가 적겠다고 미루다가는 기억하지 못할 수 있다. 말하는 사람의 말을 진지하게 귀 기울여 들어야 한다. 상대방이 하는 말을 정확하게 이해하는 것이 중요하다. 메모할 때 나중에 보더라도 무슨 내용인지 알 수 있도록 구체적으로 정리해야 한다.

아무리 많이 메모하더라도 유용한 정보가 되지 않으면 쓸모없는 자료에 불과하다. 쓸모없는 자료가 되면 다시 보지 않게 된다. 메모하면서 미래에 필요한 것이 되도록 메모해야 한다. 메모한 것은 정리해서 언제 보더라도 필요한 자료로 만들어야 한다. 메모한 것을 정리해서 자기 것으로 만들어야 유용한 정보가 된다. 그 정보를 이해하고 보완하면 지식이 된다.

업무수첩을 사용하는 사람 중에는 무엇을 했는지 자취를 남기는 용도로 쓰는 사람도 있고, 업무나 성과관리 쪽으로 사용하는 사람이 있다. 자취를 남기는 것도 중요하지만, 업무를 추진하면서 성과를 향상하고, 자신의 발전을 도모하는 것이 필요하다.

업무수첩을 직원에게 주는 이유는 업무를 수행하면서 업무 능률을 향상하고, 창의적으로 활용하라고 주는 것이다. 업무 수첩을 한 가지 용도로만 사용하지 말고 직장생활하면서 자신을 편하게 해주는 도구로, 성과를 향상하는 도구로, 자신을 발전시키는 도구로 활용해보라.

메모는
삶의 질을 높여준다

열심히 일하고 저축하고 절약해도 돈이 모이지 않는다. 언제나 급하게 돈 쓸 일이 생기기 때문이다. 멀쩡하던 자동차가 갑자기 고장 나서 수리해야 하고, 갑자기 가족이 아파서 병원비를 지출해야 하고, 애들이 뭔가를 사달라고 한다. 저축해서 뭔가를 하려고 했었는데 이런저런 이유로 꿈꾸었던 것들과 점점 멀어진다. 무언가 하려고 했던 것들이 물거품이 되고 끝내 꿈을 내려놓고 마는 경우가 있다.

청년들이 대학을 졸업하고도 직장을 구하기 위하여 몇 년씩 학원에서 공부해야 하는 것이 현실이다. 그렇게 어렵게 들어간 직장에서는 승진하고 싶은 욕심에 하고 싶은 일은 하지 못하고 아침 일찍부터 저녁 늦게까지 일만한다. 열심히 일하다 보면 좋아질 것이라고 믿었지만 세월이 흐른다고 달라지는 것이 별로 없다.

대부분 사람이 한 번뿐인 인생을 살아가며 하고 싶은 일도 하지 못하고, 자신을 위해서 아무것도 하지 못하며 살아가는 것이 현실이다. 지금도 늦지 않았다. 평생을 회사에 출근하며 살아야 한다고 하더라도 자신이 하고 싶은 것은 하며 살자. 자신의 꿈을 이루는 경험을 하자. 자신의 꿈은 다른 사람이 이루어 줄 수 없다. 자식이나 부모도 대신해서 이루어 줄 수 없다.

꿈을 꾸기는 쉽지만 꿈을 이루기는 어렵다. 꿈을 이루려고 피나는 노력을 하는 사람만이 꿈을 이루는 행복한 경험을 맛볼 수 있다. 꿈을 이루기 위해서는 자신이 하고 싶은 일이 무엇인지, 꿈이 무엇인지 목록을 적어놓고 과감하게 실행에 옮겨야 한다. 회사는 나의 꿈에 대해 전혀 관심이 없다. 내가 하고 싶은 일에 전혀 관심이 없다. 회사를 위해서 희생해주기만 바랄 뿐이다.

꿈을 이루기 위해서는 메모해야 한다. 그러나 메모만 했다고 꿈이 이루어지는 것은 아니다. 메모에 호기심을 갖고 질문을 하고, 질문에 답하면서 문제의 답을 찾아야 한다. 직장생활하면서 승진에 목을 매면서 자기가 하고 싶은 일을 하지 못하는 것보다 자기가 하고 싶은 일을 하며 사는 것이 더 행복하다.

고향에 살 때 서울에서 큰 회사의 대표라는 사람이 고향마을로 이사 왔다. 그 대표는 몸이 약했는데 하루에 자기 땅을 한 바퀴 도는 것이 유일한 낙이라고 했다. 이사 온 지 얼마 되지 않았을 때는 하루에 한 바퀴를 돌 수 있었는데 점점 자기 땅이 넓어져 나중에는 하루에 자기 땅을 한 바퀴를 돌 수 없을 만큼 땅이 넓어졌다. 오래 살아보려고 곰을 잡아서 몸에 좋다는 부위는 자신이 먹고 나머지 부위는 동네 사람들에게 먹으라고 줬다.

그러나 돈이 많으므로 누가 위협을 할까 봐 해가 넘어가면 방으로 들어간다고 한다. 방에 들어가면서 문은 사중으로 설치되어 있는데 가장 밖의 문은 완전히 철로 되어 있는 문, 그다음에는 철창문, 그다음에는 유리문, 가장 안쪽에는 창호지문으로 만들었다. 그리고 방에 들어오면 문을 잠갔다. 누가 들어오면 방어하려고 창을 하나 갖다 놓았다고 한다.

스트레스 받지 않으려고 방에 들어가면서 전화 코드도 뺐다고 한다. 사람들이 돈 때문에 노예가 되고, 명예 때문에 노예가 되는 경우가 많다. 행복해지려고 돈을 모으고, 명예를 얻으려고 하는데 돈 때문에, 명예 때문에 불행해지는 경우가 있다. 행복은 명예나 부귀영화와 바꿀 수 없는 것이다.

괜찮은 집안의 딸 A씨는 아버지가 집안 배경도 좋고 재산도 많은 사람이라며 자녀가 딸린 남자지만 결혼하라고 하여 결혼했다. A씨는 남편 덕에 좋은 지위도 얻었고, 왕성한 사회

활동도 하면서 살아왔다. 다른 사람들이 보기에는 행복해 보였지만, 평생 남편의 눈치를 보며 살아야 했다. 남편이 사망하자 A씨는 "남편이 사망하니까 후련하다."고 했단다. 돈이 많다고 행복한 것이 아니고, 집안 배경이 좋다고 행복한 것도 아니다. 높은 지위에 올랐다고 행복한 것도 아니다. 자신이 하고 싶은 일을 하며 사는 것이 행복이다.

돈이 많아 부유하게 살아온 사람도 사망할 때는 세상이 허무하단다. 명예를 가지고 산 사람도 세상이 헛되단다. 내가 어릴 때 주일학교에서 배운 노래 중 방아꾼이라는 노래가 있다. 가사 중에 '이 세상에 부러울 사람 하나도 없고, 나를 부러워할 사람도 하나도 없네.'라는 내용이 반복된다. 가사 중에 방아꾼이 부르는 노래를 임금이 지나가다 듣고 다시 한번 들려달라고 방아꾼에게 부탁하는 내용이 있다. 한 나라의 임금이라고 모두 행복한 것은 아니다. 방아꾼은 지위는 높지 않고 가진 것은 없어도 행복하게 살고 있다.

부귀영화를 누리는 것이 행복이 아니라 하고 싶은 일을 하면서 사는 것이 행복이다. 돈이 없다, 시간이 없다 핑계대지 말고 자신이 하고 싶은 일을 하면서 살자. 승진보다 중요한 것이 행복이다. 후배 여성 공무원이 20년 이상 근무하면서 승진하려고 보건휴가를 한 번도 사용하지 않았다고 한다. 생리할 때 통증이 심해서 진통제를 4알이나 먹으면서 고통을 참으면서 일을 해왔단다.

인사권자가 시키는 것을 다하고 충성을 다해왔지만, 후배가 먼저 승진하는 것을 보면서 이제는 자신의 행복을 찾겠다며 앞으로는 보건휴가도 사용하고, 하고 싶은 일을 하면서 살기로 했단다. 직장생활 하면서 근무시간에는 열심히 일해야 하지만 자신의 꿈은 절대로 포기하지 말자. 자신이 하고 싶은 일을 하면서 살자.

물질적인 풍요는 인간다운 삶의 필요조건이 될 수는 있지만, 충분조건은 되지 못한다. 정신적 만족과 자연의 조화를 꿈꾸는 삶이 필요하다. 많은 사람이 미래를 위해서 하고 싶은 일을 하지 못하고 눈치 보며, 참으며 산다. 미래를 무시하라는 것이 아니라 현재 역시 중요하게 대하라는 말이다.

자신이 하고 싶은 일이 무엇인지 써보자. 쓴 것을 자주 볼 수 있는 곳에 두고 매일 바라보면서 자신이 하고 싶은 일을 하면서 살자. 하고 싶은 일을 하면서 살고 싶으면 망설이지 말고 실행에 옮겨야 한다. 자신에게 행복이 올 것이라고 믿으면서 실행에 옮기면서 살자. 돈이 행복을 가져다주는 것도 아니고, 명예가 행복을 가져다주는 것도 아니다. 자신이 하고 싶은 일을 하면서 사는 것이 행복이다.

메모하면
미래가 보인다

성공하기 위해서 메모하라는 말은 많이 들었지만, 메모를 도구로 이용하라는 말은 들어보지 못했다. 세상에 사는 사람들은 하는 일도 다르고, 생각하는 것도 다르다. 따라서 메모를 하더라도 메모하는 방법이 모두 다를 수밖에 없다. 자신에게 맞는 메모를 해야 한다. 메모하는 이유는 미래의 자신을 위해서 하는 것이다. 메모가 미래의 자신에게 도움이 되게 하기 위해서는 메모하면서 어떤 내용을 써야 하고, 어떻게 활용해야 하는지를 분명히 해야 한다.

사람들은 쳇바퀴처럼 아침 일찍 출근해서 저녁 늦게 집에 들어온다고 생각한다. 집에 와서도 TV를 시청하다가 잠을 잔다. 쳇바퀴처럼 매일 같은 일을 하는 데 일기는 써서 뭐하느냐며 일기를 쓰지 않는 사람이 있다. 메모하는 사람도 메모를 이용할 줄 모른다. 메모에는 자신이 하고 싶은 일을 하기 위한 메모, 성과를 높이기 위한 메모, 문제를 해결하기 위한 메모, 공부를 잘하기 위한 메모, 업무를 개선하기 위한 메모, 무엇을 잊지 않기 위한 메모가 있다.

자신이 하고 싶은 일을 하기 위해서는 자신이 하고 싶은 일의 목록을 만들어 자주 볼 수 있는 곳에 두면서 하고 싶은 일을 이루기 위한 노력을 해야 한다. 하고 싶은 일을 머릿속에만 넣어두거나 가슴에 담아두기만 해서는 이루어지지 않는다. 하고 싶은 일을 하면서 살기 위해서 해야 할 일이 무엇인지 잊지 말아야 한다. 하고 싶은 일이 있으면 망설이지 말고 도전해야 한다.

나는 수첩을 쓰기 전에 가장 먼저 보는 것이 내 꿈의 목록이다. 내 꿈의 목록은 수첩의 맨 앞에 붙어있다. 꿈의 목록에는 이미 이루어진 것도 있고, 아직 이루지 못한 꿈도 있다. 이미 이루어진 꿈 중에는 자서전 쓰기, 대중서 한 권 쓰기, 우리나라 해안가 도보여행 등이 있다. 내 꿈 중 하나인 도보여행은 미루다가는 도전하지 못할 것 같아서 다리가 아픈 상태인데도 퇴직하는 다음 날 바로 출발해서 완주했다. 또 다른 꿈인 자서전을 쓰기 위해서 나의 연대기를 기록하고 틈틈이 생각나는 글을 써왔다. 퇴직하면서 출판하여 직원들에게 한 권씩 나눠줬다.

대중서도 한 권 쓰기 위해서 책 쓰기 교육도 받으면서 미리 준비했다. 지난해에 《남편을 보면 아내가 보인다》라는 책을 출판했다. 우리나라 해안가 도보여행을 하기 위하여 퇴직하는 다음 날 집을 나섰고 48일 만에 집에 돌아왔다. 일기를 쓰기 전에 매일 꿈의 목록을 보면서 하고 싶은 일을 하려고 했다. 금년도에는 러시아 여행을 가기로 했다. 매일 보고 주변에 있는 사람들에게 내 꿈을 이야기하니까 다른 것보다 내 꿈을 이루는 것에 우선을 두고 있다.

성과를 높이기 위해서는 현재 상황을 정확하게 알아야 하고, 무엇을 해야 하는지 알아야 한다. 무엇을 해야 하는지 알기 위해서는 메모하면서 세밀하게 관찰하는 것이 필요하다. 관찰하면서 떠오르는 생각을 메모해야 한다. 메모하면 무의식적으로 그 질문에 대해 생각하게 된다. 무의식적으로 생각하다 보면 어느 순간 답이 떠오른다.

문제를 해결하기 위해서는 메모해야 한다. 창의력과 사고력을 키우는 것은 질문하는 능력이다. 문제를 해결하기 위해서는 적어놓고 생각해야 한다. 끊임없이 질문을 던져야 한다. 질문하면서 생각나는 것이 있으면 메모해야 한다. 남이 떠올린 생각이라고 하더라도 메모하면 내 것이 된다. 생각과 생각을 충돌시켜보라. 그러다 보면 생각하지 못했던 해결책이 나온다.

암기 공부하기 위한 메모는 작은 종이에 메모하여 주머니에 넣어 다니면서 필요할 때 언제든지 꺼내 볼 수 있어야 한다. 자신이 영어단어를 외우거나 영어문장을 외우는 데 사용해야 한다. 길을 가는 중이거나 무슨 다른 일을 하면서도 언제 어디서나 필요할 때는 잠깐 꺼내서 볼 수 있어야 한다. 메모했다고 끝나는 것이 아니라 메모한 것을 활용할 수 있어야 한다.

업무를 개선하기 위한 메모는 전임자가 하던 것을 그대로 따라 하는 것에서 벗어나야 한다. 새로운 시각으로 봐야 한다. 다른 시각으로 봐야 한다. 때로는 거꾸로 보기도 해야 한다. 보면서 생각나는 것이 있으면 메모해야 한다. 검토하면서 필요 없는 것은 버리면 되는 것이다. 더 좋은 방법은 없는지, 또 다른 방법은 없는지 끊임없이 생각하고 고민해야 한다. 생각하지 못했던 곳에서 답을 찾게 된다.

아무 생각 없이 메모하지 말고 생각하면서 메모해야 한다. 그냥 메모하는 것이 아니라 메모한 것을 미래에 사용할 것이라는 생각으로 메모해야 한다. 그냥 메모하는 것보다 이용해야 할 메모는 할 때부터 다르게 해야 한다. 무슨 일을 하는데 필요한 메모인지, 어디에 사용할 것인지를 생각하면서 메모해야 한다.

그냥 기록하는 게 아니라 미래에 사용할 정보라고 생각하며 하는 메모는 자신에게 생각하고 행동할 기회를 만들어 준다. 미래에 사용할 메모는 나중에 다시 생각하는 계기를 만들어 준다. 미래에 도움이 되는 메모를 하면 미래가 보인다. 자기가 하고 싶은 일을 할 수 있고, 업무를 개선하여 성과를 높일 수 있다. 문제를 해결할 수 있고, 공부하는 데 도움이 되고, 업무를 개선하는 데 도움이 된다.

💡 미래 메모의 효과

1. 일하는 것이 즐거워진다.
2. 생각이 정리되고 업무처리 속도가 빨라진다.
3. 아이디어를 활용할 수 있다.
4. 일을 잘하는 사람이 된다.
5. 미래가 보인다.

기록하기 곤란한 행동을
하지 않게 한다

　공직생활을 시작할 때 '쓸데없이 업무수첩에 적지마라.'는 말을 많이 들었다. 이 말은 나쁜 짓을 하고 나쁜 짓을 했던 것을 기록하니까 형사사건이 발생하면 자신에게 불리한 증거물이 된다는 것이다. 적는 것이 문제가 되는 삶은 떳떳하게 살지 않는다는 것이다. 수첩에 기록하지마라고 하는 것은 부끄러운 짓을 하며 살겠다고 하는 것이다.

　나쁜 짓을 한 것이 들통날까봐 수첩을 작성하지 않는다는 것은 잘못된 생각이다. 수첩을 작성하면서 나쁜 짓이 들통날까봐 걱정할 것이 아니라 나쁜 짓을 하지 않게 하는 도구로 활용하는 것이 자신을 보호해준다. 자신의 미래를 보장해준다. 난 오늘 공직생활을 그만두는 한이 있어도 부끄러운 일은 절대로 하지 않겠다고 마음먹었다. 수첩에 기록된 것이 증거가 되어 형사처분을 받을 짓을 했다면 당연히 공직사회를 떠나는 것이 맞다고 생각했다. 수첩을 내가 나쁜 짓을 하지 못하게 하는 도구로 활용했다.

메모하는 이유는 미래에 내 인생에 도움이 되게 하기 위한 것이다. 나쁜 습관을 버리고 좋은 습관을 만들기 위해서다. 하고 싶은 일을 하기 위해서다. 일기를 쓰면서 하루를 되돌아보며 미래에 행복을 준비하기 위해서다. 기록 때문에 처벌을 받은 사람은 기록한 것이 잘못한 것이 아니라 잘못된 삶을 살았기 때문에 처벌을 받은 것이다. 하루에 했던 것을 기록하면서 잘못된 일을 하지 않아야 하는데 잘못된 일을 했고 잘못된 일을 한 것을 기록으로 남겼기 때문이다.

기록했다가 잘못될까봐 기록하지 못하겠다거나 기록하지 말라는 것은 잘못된 생각이다. 잘 되기 위해서 잘못된 일을 하지 않겠다고 하는 것이 옳은 방법이다. 욕심이 큰 사람은 청렴해야 한다는 말이 있다. 수첩에 기록을 남기면서 잘못된 일을 빼고 적으라고 하는 것이 아니다. 잘못된 것을 기록에 남기지 않는다고 다른 사람이 모르는 것이 아니다. 잘못한 것을 감추기 보다는 잘못을 하지 않는 것이 옳은 일이다.

메모하고 기록하면서 잘한 것만 기록한다면 메모하고 기록하는 것은 의미가 없다. 잘한 것은 기록하면서 행복한 느낌을 느낄 수 있다. 그러나 잘못한 것은 기록하면서 괴롭다. 그렇기 때문에 반성하고 다시는 반복하지 않겠다는 노력을 해야 한다. 잘못한 것을 감추기 위해서 메모나 일기를 쓰지 않는 것은 참으로 어리석은 일이다. 메모나 일기를 자신의 삶이 잘못된 삶이 되지 않게 하는 도구로 사용해야 한다.

메모나 일기를 자신의 삶을 지키는 데 도구로 활용해야 한다. 사람은 조그마한 유혹에도 쉽게 넘어가는 갈대와 같은 존재다. 유혹에 빠지면 헤쳐 나오지 못하는 경우가 있다. 자신이 잘못된 삶을 살고 있다는 것을 인지하지 못할 때가 있다. 그것을 볼 수 있게 하는 것이 메모고 일기다. 하루를 어떻게 보냈는지를 기록하다 보면 자신이 지금 바른길을 가고 있는지 아니면 잘못된 길을 가고 있는지를 돌아보게 한다.

자신을 돌아볼 수 있어야 잘못된 행동이나 나쁜 행동을 하지 않을 수 있다. 잘못된 행동이나 나쁜 행동을 감추기 위해서 기록을 남기지 않는다는 것은 자신의 삶을 되돌아볼 기회를 잃게 되는 것이다. 잘못된 행동이나 나쁜 행동은 습관이 되기 전에 버려야 한다. 바로 버리기 위해서는 바로 인지해야 한다.

공직생활을 하면서 다른 사람이 뭐라고 하든지 나는 업무수첩을 비교적 자세히 기록하는 편이다. 업무수첩만 봐도 내가 공직생활을 하면서 무슨 일을 했는지 알 수 있다. 내가 어떻게 살아왔는지를 알 수 있다. 누군가가 내게 금품을 제공했다고 해서 검찰에서 조사를 받을 때가 있었다. 조사를 받으러 가면서 다른 사람들은 업무수첩을 감춘다고 하는데 나는 업무수첩을 가지고 갔다.

내게 금품을 제공했다고 하여 업무수첩을 꺼내 그 날을 펼쳤다. 업무수첩에는 그 날 내게 누가 30만 원을 가져왔었는데 돌려줬다고 기록되어 있었다. 나는 누가 금품을 가지고 오면 당사자가 보는 앞에서 세어본다. 그리고는 돌려준다. 그러다 보니 어떤 사람은 돈이 적어서 그러는 줄 알고 더 많은 돈을 가져오는 때도 있었지만, 돈을 받은 적이 없다.

업무수첩을 보면서 대답을 하니까 담당 검사가 업무수첩을 보여 달라고 했다. 업무수첩에는 내가 어떤 생활을 하고 있는지 고스란히 적혀 있었다. 내 삶이 기록되어 있었다. 시정업무추진 유공 표창을 받으며 부상으로 주어지는 국외여행을 다녀올 기회가 많았다. 아마 업무수첩을 쓰지 않았다면 불가능했을 것이다. 별다른 노력을 하지 않았는데도 업무수첩을 쓰면서 평소에 하는 일만 정리해도 매년 1등이었다.

업무수첩은 나를 힘들게 하는 것이 아니라 나를 보호해주는 역할을 한다. 업무수첩을 기록해서 문제가 생긴다고 하는 것은 자신이 어떤 삶을 사느냐에 달려 있다. 나는 업무수첩 때문에 많은 성과를 올리기도 했고 해외여행을 다녀올 기회를 많이 얻었다. 여행기회를 2번이나 반납했음에도 9번이나 다녀올 수 있었다.

　나는 공직생활을 하면서 썼던 업무수첩과 planner를 지금까지 모두 보관하고 있다. 업무수첩과 planner는 어쩌면 나의 보람이고 내 삶의 흔적이다. 남이 볼까 봐 일기를 쓰지 않는다고 하는 사람이 있다. 나는 업무수첩도, planner도, 일기도 모두 책꽂이에 꽂아 놓는다. 가족이 보고 싶으면 언제라도 꺼내서 볼 수 있다.

　누가 언제 보더라도 부끄러운 삶을 살지 않았기 때문에 감출 필요가 없다. 일기를 쓰면서 나쁜 짓을 한 것을 빼고 쓴 것이 아니라 나쁜 짓을 하지 않으려고 했다. 조금 아쉬운 것이 있다면 더 적극적으로 삶의 변화를 주는 도구로 활용하지 못했다는 것이다. 늦었지만 지금부터라도 좀 더 적극적으로 내 삶을 바꾸는 도구로 활용하고, 내가 하고 싶은 일을 하는 데 도움이 되는 도구로 활용할 셈이다.

　부끄럽지 않은 삶을 살았다면 업무수첩은 자신을 보호해주는 역할을 할 뿐만 아니라 업무의 성과를 높여주기도 하고, 일을 편하게 할 수 있도록 도움을 주는 역할을 하기도 한다. 기록하면서 기록해서 문제가 되는 삶을 살지 않도록 메모를 자신을 지키는 도구로 활용하면 잘못된 삶을 살지 않을 수 있다. 잠깐 어떤 유혹에 빠지더라도 금방 빠져나올 수 있다. 기록하는 것은 필요한 일이고 반드시 해야 하는 일이다.

메모를 자신을 보호하는 도구에만 그치게 하지 말고 인생을 바꾸는 도구로 적극적으로 활용해보라. 메모를 소극적으로 활용하지 말고 적극적으로 자신의 인생을 바꾸는 도구로 활용하라. 나이가 젊을수록 메모를 잘 활용하면 자신이 하고 싶은 일을 할 수 있을 뿐만 아니라 인생을 바꿀 수도 있고, 경제적으로도 여유로운 생활을 할 수 있다.

메모한다고 인생이 바뀌는 것이 아니라 메모를 어떤 도구로 사용하느냐가 인생을 바꾸는 것이다. 메모는 남에게 부끄러운 삶을 살지 않도록 나를 지켜주는 도구이고, 내가 하고 싶은 일을 할 수 있도록 도와주는 도구이고, 인생을 행복하게 해주는 도구다.

메모하고
질문을 던져라

　메모하면서도 메모를 활용하지 못하고 있는 사람이 대부분이다. 메모하는 이유는 나중에 언젠가 다시 사용하기 위해서다. 나중에 다시 사용하기 위해서는 메모가 활용할 수 있는 상태로 되어 있어야 한다. 메모했다고 다시 보지 않고 그냥 덮어두기만 하면 메모한 의미가 없다. 메모했더라도 메모를 보고 무슨 내용인지 모르면 메모를 사용할 수 없다. 메모했더라도 나중에 쓸 수 없는 메모는 의미가 없다.

　괴테는 현명한 대답을 원한다면 합리적인 질문을 하라고 했다. 다른 나라에서는 수업하면서 토론식 수업, 발표식 수업으로 수업시간에 자유롭게 자신의 의견을 말할 수 있다. 그런데 우리나라에서는 질문하면 수업의 흐름을 끊는다며 질문을 못 하게 막는다. 그러다 보니 질문을 하면 안 된다고 생각하게 한다. 꾸준한 질문이나 호기심은 지식을 풍부하게 해준다.

　사람들은 익숙하지 않은 생각일수록 쉽게 잊는다. 좋은 생각에 대한 질문은 더 빠르게 사라진다. 한 번 흩어진 질문과 생각을 다시 되돌려 기억하기란 쉽지 않다. 서둘러 답하기 전에 질문을 메모해야 올바른 답을 구할 수 있는 것이다. 질문하는 사람은 많지만, 질문을 적는 사람은 드물다. 질문을 기록해두는 작은 습관이 쌓이면 질문하는 힘이 강화된다.

질문을 기록하는 습관을 지닌 사람들은 시장을 보러 가면서도 무엇을 살 것인지 메모한다. 오늘 사야 할 것이 무엇인지 질문하면서 사야 하는 것들을 메모한다. 질문하면서 메모하는 이유는 사야 하는 것을 잊지 않고 사기 위해서다. 메모하지 않으면 불필요한 충동구매를 하면서 정작 필요한 물건은 사지 못할 때가 있다.

자신이 힘들게 메모한 것을 활용하기 위해서는 자신의 메모에 아이디어를 보태고 또 보태야 한다. 그래야만 더 나은 결과를 얻을 수 있다. 왜 질문을 기록해야 하고, 왜 질문에 답을 기재해야 하는가? 더 좋은 답을 찾기 위해서다. 그냥 좋은 결과만을 기대하는 것이 아니라 더 좋은 가치를 부여하기 위해서다. 마인드맵을 그려가면서 생각나는 것을 적고, 생각난 것에 또 질문을 던지면서 질문에 더 좋은 답을 찾을 수 있다.

마인드맵을 작성하면서 질문하고 질문에 답하면 더 많은 아이디어를 찾아낼 수 있다. 다른 사람의 질문을 들으면서 다른 사람의 생각을 내 것으로 만들 수 있다. 마인드맵을 작성하며 핵심주제를 정하고 핵심주제를 설명할 수 있는 요소들을 연결하고 주 가지의 내용과 관련된 부 가지를 만들고 세부 가지를 만들면서 끊임없이 생각나는 것을 적다 보면 끊임없이 떠오른다. 떠오르는 것이 무엇이든 떠오르는 것을 적어야 한다. 그리고는 서로 합칠 것은 합치고, 버릴 것은 버리면서 생각을 정리할 수 있다.

마인드맵을 작성하면 사고력, 창의력, 기억력, 학습능력이 향상된다. 메모한 것을 나중에 활용하기 위해서는 메모하는 것으로 끝내지 말고 마인드맵을 그려가며 생각을 보완하면서 정리하는 시간을 가져야 한다. 마인드맵을 작성하면서 핵심적인 내용이나 단어만 메모했기 때문에 메모한 것을 구체적으로 정리해두는 것이 필요하다. 구체적으로 정리하면 더 명확해진다.

머리로만 생각하지 말고 마인드맵을 작성하면서 스스로 질문하고 스스로 답하면서 손으로 써봐라. 손으로 쓴 것을 보고 생각하면서 생각나는 것을 적어봐라. 일단 생각나는 것은 뭐든 모두 적어봐라. 생각이 정리된다. 생각하지 못했던 해답을 찾을 수 있다.

어떤 질문을 던져야 좋은 답을 얻을 수 있을까? 좋은 질문을 던져야 좋은 답을 얻을 수 있다. 주제에 더 깊게 들어가게 하는 질문, 다른 점을 살펴보게 하는 질문, 생산적인 질문, 구체적이고 본질적인 질문, 상대방의 머릿속을 정리해 주는 질문, 아이디어가 나올 기회를 제공하면서도 생각의 방향을 제시할 수 있는 질문이 좋은 질문이다.

어느 분야든지 사람들은 자신이 알고 싶은 답을 얻기 위해 엄청난 노력을 하는데 아쉽게도 대부분 사람은 그들이 원하는 답을 찾지 못한다. 사람들은 다른 사람에게는 질문을 잘하면서 정작 자신에게는 질문하지 않는다. 질문하지 않으면 답을 찾을 수 없다. 자신에게 가장 좋은 답을 줄 수 있는 사람은 바로 자신이다.

어떤 문제가 발생했을 때도 그 문제에 어떤 형태로 질문을 던지느냐에 따라 문제 해결 방식이 결정된다. 메모에 질문을 던지고 답하면서 생각하지 못했던 문제의 해답을 찾을 수도 있다. 질문하면 생각하지 못했던 것을 생각하게 한다. 더 좋은 해답을 찾기 위해서는 끈기 있게 질문하는 것이 필요하다.

질문은 호기심의 발현이다. 좋은 질문은 좋은 답을 품고 있다. 다시는 궁금해하지 않는 삶은 죽은 삶이다. 질문 할 줄 아는 사람은 더 많은 것을 얻게 된다. 인생을 살아가면서 끊임없이 호기심을 느끼며, 끊임없이 더 좋은 질문을 하면서 더 좋은 답을 찾아보라.

　인생을 살아가면서 메모를 하느냐, 메모하면서 어떤 생각을 하느냐, ·어떤 질문을 던지느냐가 인생을 바꾼다. 질문을 던지면서 무의식적으로 답을 찾는다. 답을 찾으면서 행복을 느끼게 된다. 행복을 경험하면 인생이 더 행복해진다.

🔦 마인드맵의 장점

① 두뇌에 숨어 있는 잠재적 가능성을 쉽게 끌어낼 수 있다.

② 짧은 시간 동안 많은 아이디어를 발상해 내게 하여 시간을 절약하게 한다.

③ 핵심을 강조함으로써 정신을 집중시킬 수 있다

④ 마인드맵을 행하는 동안에 끊임없이 새로운 것을 발견하고 깨닫게 된다.

⑤ 작은 공간에 많은 양의 정보를 표현할 수 있다.

⑥ 핵심어들을 명료하고 적절하게 연결할 수 있다.

⑦ 두뇌는 방사 형태의 구조에 더욱 쉽게 반응한다.

⑧ 더욱 풍부한 상상력을 작용하게 할 수 있다.

⑨ 유연성, 재구성 능력, 확산적 사고와 논리적 사고력을 기를 수 있다.

일일계획을 세우는 것으로
하루를 시작하라

　일과를 시작하기 전에 그날 꼭 해야 할 일이 무엇인지, 어떤 일을 먼저 해야 하는지를 기록하는 것이 필요하다. 일일계획을 세우면 시간을 낭비하지 않고 좀 더 효율적으로 보낼 수 있다. 더 많은 일을 할 수 있고, 하지 않아도 되는 일을 하지 않으면서 더 많은 시간을 가질 수 있다. 시간에 쫓기면서 받는 스트레스가 줄어들고 삶에 자신감을 가질 수 있다.

　너무 바빠서 일일계획을 세울 시간이 없다는 말은 이유가 되지 않는다. 아무리 바쁜 사람이라도 틈새 시간을 내려고 하면 얼마든지 낼 수 있다. 우선순위를 어디에 두느냐의 문제다. 하루 중에 일일계획을 세우는 것보다 중요한 것은 없다. 일일계획을 세우는데 많은 시간이 걸리는 것이 아니다. 일일계획을 수립하는데 5분이나 10분이면 된다. 아무리 바쁘다고 하더라도 하루를 시작하기 전에 일일계획을 세우고, 하루를 마치면서 일일계획을 달성했는지 점검해 보자. 일일계획은 계획을 세우면서 자신을 통제할 수 있고, 점검하면서 자신이 무슨 일을 하며 보내는지를 알 수 있다.

일일계획을 수립할 때는 가능하면 하루 안에 할 수 있는 것으로 정하자. 일일계획을 세우고 정리하는 시간을 가지면서 성취감을 맛보게 되고, 성취감을 맛보면서 성취감이 상승한다. 일일계획을 세우고 계획했던 것을 이행했는지 점검하면서 작은 것이라도 마무리하면서 성공을 맛보는 것이 중요하다. 성공을 맛보기 위해서는 작은 것이라도 성취했다고 느낄 수 있는 것이 필요하다.

일일계획을 세우면서 계획한 것을 완수하지 못 하는 일이 잦으면 일을 미루는 습관이 있는지 점검해 보자. 미국의 저명한 심리학자 닐 피오레 박사는 '일 미루기 일지'를 기록해보라고 한다. 일을 뒤로 미뤘던 날짜와 시간, 뒤로 미룬 일과 그 이유, 일을 미루면서 떠오른 생각과 느낌, 일을 미루면서 대신한 행동을 적어보라.

자신이 어떤 일을 어렵게 여기는지, 두려움이 어떤 식으로 일을 미루게 하는지를 알 수 있다. 일을 미루는 습관을 고치면 자기 발전에 성과를 올릴 수 있다. 성취감을 느끼기 위해서는 잘하는 일을 하는 것도 중요하지만 못 하는 일이 무엇인지 알아서 두려움을 제거하는 것이 더 중요하다.

일일계획을 세우고 하루를 마무리하면서 오늘 계획했던 것을 했다는 것을 느끼는 것이 필요하다. 일일계획을 수립하면서 하루에 할 수 있는 일을 기록하자.

– 내가 하고 싶은 것이 무엇인가?
– 내가 할 수 있는 것은 무엇인가?
– 내가 해야만 하는 것은 무엇인가?

일일계획을 세우고 하루를 마무리하면서 성취의 맛을 보고, 행복한 경험을 맛보는 것은 소소하더라도 꼭 필요한 것이다. 아주 작고 소소한 것이라도 성공을 맛보는 것이 중요하다. 큰 성취감을 느끼는 것도 중요하지만 작고 소소한 행복의 경험이 쌓이고 쌓이면 10년, 20년 후의 삶이 달라진다. 힘들고 어려울 때 극복할 힘이 된다.

작고 소소한 것이라고 하더라도 행복한 경험을 쌓아가는 것은 인생을 살아가는 맛이다. 이 행복한 경험을 많이 만들기 위해서는 하루의 일과를 시작하기 전에 일일계획을 세우자. 바쁘다, 귀찮다는 핑계를 대지 말고 일일계획을 세우자. 일일계획을 세우는데 많은 시간이 걸리는 것이 아니다.

첫째 하루를 시작하기 전에 할 일의 목록을 적어놓고 우선순위를 정하자. 그 날 반드시 달성해야 하는 것은 'A'로 분류하자. 중요하긴 하지만 필요에 따라 내일로 미뤄도 되는 것은 'B'로 분류하고 가능하면 오늘 하는 것으로 하자. 시간이 되면 오늘하고 시간이 되지 않으면 하지 않아도 괜찮은 것은 C로 분류하자.

달성하기 어려운 목표를 잡으면 어차피 열심히 해도 못 할 것이라는 생각을 하게 된다. 그러다 보니 목표를 달성하기 어렵고, 완벽주의자는 일을 미루게 될까 봐 불안하고 압박을 느끼게 되어 늘 불안해한다. 일일계획을 너무 과다하게 잡으면 일을 미룰 가능성이 크다. 어차피 할 수 없는 일이라는 생각이 들면 미뤄도 되는 것으로 생각한다.

둘째 업무계획을 구체적으로 세우자. 그래야 일을 하면서 미루지 않고 할 수 있다. 일과를 마치고 점검하면서도 이행 여부를 명확히 할 수 있다. 두루뭉술하게 하면 일을 한 것인지 하지 않은 것인지 구분하기도 어렵다. 하루에 끝내지 못할 것 같으면 계획을 세울 때부터 오늘은 50%까지만 하는 것으로 구체화하는 것이 좋다. 오늘 열심히 해도 완료할 수 없는 일을 일일 목표로 정하면 성공의 맛을 보기 어렵다. 일일계획을 수립하더라도 매일 목표를 달성하지 못하면 일일계획을 세워야 할 필요가 없다고 느끼게 된다.

커다란 목표를 달성하기 위한 것이라면 세분화하여 하루에 달성할 수 있는 만큼씩 쪼개서 일일 목표로 설정하는 것이 좋다. 하루를 마무리하면서 오늘 하려고 계획했던 것을 완수했다는 느낌이 들게 하는 것이 좋다. 그러다가 초과달성 했다는 느낌이 들면 더 좋다고 생각하자.

셋째 일일계획은 꼭 실천하자. 계획을 세우는 것보다 더 중요한 것이 실천하는 것이다. 성공을 맛보고 행복한 경험을 느끼기 위해서는 하루에 마칠 수 있는 범위 내에 있어야 한다. 하루에 달성하고자 하는 목표를 달성했을 때 마음이 가뿐해진다. 목표한 것을 완수하지 못하면 왠지 개운치 않다. 일과를 마치면서 그 날 계획했던 것은 완수하자. 최소한 우선순위에서 A로 분류한 것은 그 날 반드시 완수해야 한다.

일과를 마치고 일일계획을 점검하면서 완료되지 않은 것이 발견되었을 때 그때라도 완료할 수 있는 것이라면 완료하는 것이 좋다. 완료를 경험하는 것과 완료하지 못한 것을 경험하는 것은 다르다. 일일계획을 완수할 때는 완료했다는 자신감이 생기고 기분이 좋아지지만 완료하지 못하면 뭔가 찜찜하고 아쉬움이 남는다. 내 일일계획 중에는 '책 20쪽 이상 읽기'가 있다. 일일계획 이행 여부를 점검하면서 책을 읽지 못했다면 책을 읽은 후에 이행한 것으로 체크 할 때가 있다.

일과를 시작하기 전에 일일계획을 세우자. 일일계획을 세우면서 하루에 할 수 있는 만큼 세우되 우선순위를 정하자. 일일계획은 완수하자. 일과를 마치고 하루를 점검하면서 행복한 성공 경험을 느껴보자. 비록 일일계획은 소소한 것이지만 소소한 일상에서 행복을 느끼며 사는 것이 행복이다.